Advance Praise for *So*

Also by Robert L. Giron

Poetry

Metamorphosis of the Serpent God

Wrestling with Wood

Impressions Françaises

Recuerdos

Poetry, Edited Anthologies

Poetic Voices Without Borders

Poetic Voices Without Borders 2

Arlington Poets in Solidarity with Ukraine

Fiction, Edited Anthology

The Best of Gival Press Stories

Nonfiction, Co-edited Anthology

An Interdisciplinary Introduction to Women's Studies

Songs for the Spirit

by Robert L. Giron

translation by Javier Prieto Martínez

Gival Press

Arlington, Virginia

For information please write:
Gival Press, LLC
P. O. Box 3812
Arlington, VA 22203
www.givalpress.com

First Bilingual Editon
ISBN: 978-1-940724-43-0
eISBN: 978-1-940724-44-7

Library of Congress Control Number: 2023944469

Cover art by B. Ridgeway.
Design by Ken Schellenberg.

for my mother and spiritual family

Foreword

This project began with my sincere desire to make the language of the Psalter more inclusive as I had often read the psalms for inspiration but was often derailed by the violence and exclusivity of the passages. So, one day in 1989 upon reading the The King James Version of Bible (1611), it occurred to me: Why not approach the text with a new voice, one that would speak to whomever might pick up the book, regardless of their spiritual background.

I hope readers of English or Spanish will be drawn by the spiritual love that emanates from the core of the Word.

RLG

Acknowledgments

There are so many people I would like to thank for helping me along this journey of life:

Foremost my parents, my mother and my late father, for nurturing me and providing me with a strong fundamental grace to know what is right and what is wrong, what is true and what is false. My spiritual guides who have passed on: my great-aunt Tía Ventura Valdez y Campolla Marmolejo, for her unrelenting love for me and for teaching me the power of the Spirit; my maternal grandmother, Bartola Franco Baeza Urquidez de Valdez, for her wisdom and humor and for opening my eyes to the world; my aunt Nellie Valdez who taught me determination; my maternal grandfather, Tom Valdez y Campolla Marmolejo, for teaching me the meaning of doing work "con ánimo"; my paternal grandparents and great-grandparents, the Tellez-Giron and Cortinas families, for their tenacity for foresight to do what they knew was right in spite of countless obstacles; my grand-tante Germaine Giron of Ville-Issey, France, who embraced me as family. My teachers and mentors: the late Mrs. Field, the late Mrs. Dixie Abbey, the late Margaret Tolbert, the late José Antonio Villarreal, the late Jon Manchip White, the late Raymond Carver, the late Dr. Diana Natalicio, and others who have mentored me in different ways: Robert Hass, Diane Wakoski, Stuart McDougal, and Joy Harjo. My friends: the late Woody Elrod, the late Jimmy Dill, Javier Prieto Martínez for the Spanish translation of this text, numerous colleagues who have supported me along my professional career, and, of course, Ken Schellenberg for his devotion to my goals and aspirations. My spiritual guides: Saint Jude, Saint Anthony, Saint Joan of Arc, and all the celestial spirits that propel me.

Contents

Book 1 / Libro 1

Book 2 / Libro 2

Book 3 / Libro 3

Book 4 / Libro 4

Book 5 / Libro 5

Book 1

Song 1

The Blessed

Blessed are they
who walk in the light,
who accept all,
who condemn none.

They delight
in the light of peace.

Like trees planted
by the river, they
bear fruit; the leaves
flourish and they
prosper each day.

Blessed is the choice made,
for all are the same.

Blessed are they who
welcome all out of love.

The way of the blessed
is known and they will
prosper by the Light.

Libro 1

Canción 1

Bienaventurados

Bienaventurados son
los que caminan en la luz,
los que aceptan todo,
y no condenan a nadie.

Se deleitan
en la luz de la paz.

Como árboles plantados
junto al río,
dan fruto; las hojas
florecen y
crecen día a día.

Bienaventurada decisión,
porque todos somos iguales.

Bienaventurados aquellos
que acogen a todos con amor.

El camino de los bienaventurados
es bien conocido y
prosperarán gracias a la Luz.

Song 2

The Anointed

Take heed: Torment
not the blessed.

Let stand all:
plant, animal,
and kindred.

Nature's voice
embraces all
and all will stand.

Abundant is
nature's way—
water and food
flow.

Take heed:
Honor nature
out of love.

Blessed are they
who listen; blessings will
descend upon them now
and for evermore.

Canción 2

Ungido

Cuidado: No atormentes
al bendecido.

Déjalo estar:
plantas, animales,
y todo lo demás.

La voz de la naturaleza
abraza todo
y todos seguirán.

Abundante
el camino de la naturaleza—
flujo de agua y
alimentos.

Cuidado:
Honra la naturaleza
por amor.

Bienaventurados
los que escuchan; recibirán
bendiciones ahora
y siempre.

Song 3

My Shield

Why is it that
so many trouble me?
They are many who
rise up against me.

How can so many
ignore You
within me?

You are my shield,
my glory, my hope.

I cried out to You
and You heard me.

I lay down to rest
and awoke restored;
You are my strength.

I will not fear
tens of thousands
or more who rise
up against me.

You are my shield;
keep me close
to your side.

Sustenance is the
way and it belongs
to all who ask.

Canción 3

Mi Escudo

¿Por qué tantos
me causan problemas?
Son muchos los que
se levantan contra mí.

¿Cómo pueden tantos
ignorarte
dentro de mí?

Eres mi escudo,
mi gloria, mi esperanza.

Clamé en tu búsqueda
y Tú me escuchaste.

Me acosté para descansar
y desperté restaurado;
Tú eres mi fuerza.

No tendré miedo
decenas de miles
o más se levantarán
contra mí.

Eres mi escudo;
mantenme cerca
a tu lado.

El sustento es el
camino y pertenece
a quienes lo piden.

Song 4

The Joy of Perfect Trust

Hear me when I call.
Protect me; I am
in distress. Shed
your light upon me.

How long will they
linger? When will
they seek You?

Hear me as I
pray, for love
is your way.

Stand still;
commune alone
and feel
the presence.

Love is the fuel
and trust the bond.

Many will say:
How will we know?
Heed not but stand
firm in the light.

Like the sun
upon the corn,
my life is filled
with joy.

I lie down to rest
and You are at my side,
and so in peace
I have no distress.

Canción 4

El Gozo de la Perfecta Confianza

Escúchame cuando Te llamo.
Sálvame; estoy
en peligro. Derrama
tu luz sobre mí.

¿Por cuánto se
quedarán? ¿Cuándo
Te buscarán?

Escucha mi
oración, amor
son tus caminos.

Estar quieto;
meditar a solas
y sentir
tu presencia.

Amor es el combustible
y la confianza el vínculo.

Muchos dirán:
¿Cómo lo sabremos?
No hagas caso, solo mantente
firme en la luz.

Como el sol
sobre el maíz,
mi vida esta llena
de alegría.

Me acuesto a descansar
y Tú estás a mi lado,
y con esa paz
no hay angustia.

Song 5

For Divine Protection

Hear my words,
my meditation.

Listen to my voice,
my cry, for I pray.

Hear my voice
from wherever
I pray.

Love You receive
and love You give.

Those who love You
stand at your side.

Let us enter your
house; shed your
light upon us and
lead us to the path.

Shed your light
upon us that we may
know your love.

Let us who trust in
You rejoice in your light,
let us shout for joy.

Bless us who love You and
shield us from harm's way.

Canción 5

Protección Divina

Escucha mi voz,
mi meditar.

Escucha mi voz,
mi clamor, mi oración.

Escucha mi voz
en todos los lugares
donde oro.

Amor recibes Tú
y amor das.

Aquellos que Te aman
siguen a tu lado.

Déjanos entrar en tu
casa; arroja tu
luz sobre nosotros y
dirige nuestro paso.

Arroja tu luz
sobre nosotros para que podamos
conocer tu amor.

Los que confiamos en
Ti se regocijan en tu luz,
gritando de alegría.

Bendice a quienes Te amamos y
protégenos del mal.

Song 6

Plea for Love

You hear me
always, for You
are love.

Hear me:
Strengthen me,
heal me, for
my soul is
troubled.

Deliver me,
for my sake.

I give You
thanks now and
before my death.

I am sorry
for my ways.

I cry with joy,
for I know You
hear my voice.

Keep me on
the right path
now and for
evermore.

I thank You
for your
everlasting
love.

Canción 6

Súplica de Amor

Tú me escuchas
siempre, porque Tú
eres amor.

Escúchame:
fortaléceme,
sáname, porque
mi alma está
en peligro.

Líbrame,
por mi bien.

A Ti, Te doy las
gracias ahora y
antes de morir.

Pido perdón
por mis caminos.

Lloro de alegría,
porque se que Tú
escuchas mi voz.

Mantenme en
el camino correcto
ahora y
en la eternidad.

Te doy las gracias
por tu
eterno
amor.

Song 7

My Defense

In You I put
my trust. Shield
me from those
who torment me;
protect my soul.

If I hurt another
and wish evil,
I forgive myself
as You forgive me.

For those who
torment me, I
will pray, for I
know they will not
conquer me.

Awake within me and
restore my strength.
Those who harm
surround me, but
I know You are
about protecting me.

I do not try to
judge, less I
be judged.

Shed your light
upon those who
persecute; let your
love show them
the truth.

You are my
defense; in You
I trust.

Canción 7

Mi Protección

En Ti
confío. Protégeme
de los que
me atormentan;
cuida mi alma.

Si lastimo a alguien
y le deseo el mal,
me perdono
como Tú me perdonas a mí.

Por quienes me
atormentan,
oraré, porque
se que no me
logarán vencer.

Tú Te despiertas en mí
y haces que recupere la fuerza.
Los que me hacen daño
me rodean, pero se
que Tú estás cerca
para protegerme.

No pretendo ser
juez, ni tampoco
ser juzgado.

Arroja tu luz
sobre quienes
persiguen; deja que
tu amor
les muestre la verdad.

Eres mi
protección; en Ti
confío.

Lighten our hearts
to your ways that
by our hearts
we be judged.

Shed your light
upon those who
take up the sword;
let them see the
evil in the power
they misuse.

Let our actions
be of love and
not of wanton
misused will.

Let us see the
beauty or the pain
of our do.

We will praise
You for your love
and will sing
praise to your
love.

Lleva nuestros corazones
hacia tus caminos para
que por nuestros corazones
seamos juzgados.

Arroja tu luz
sobre aquellos que
toman la espada;
hazles ver
la maldad en el poder
de que hacen mal uso.

Deja que nuestras acciones
sean de amor
no de desenfreno
mal usado.

Déjanos ver la
belleza o el dolor
de nuestros actos.

Te alabaremos
por tu amor
y cantaremos
alabanzas a tu
amor.

Song 8

A Holy Love

Your love
is holy; the
universe resounds
in one accord.

Out of the mouth
of the universe
comes your love.

Upon the wonders
of the universe,
I reflect, the moon,
the stars, the sun.

Bless those who
listen and follow
the light.

Out of love, let your
love illuminate the night.

All await the power
of your love; let us
feel your holy love,
on earth and throughout
the infinite universe.

Canción 8

Un Amor Santo

Tu amor
es santo; el
universo resuena
en un solo acorde.

De la boca
del universo
sale tu amor.

Sobre las maravillas
del universo,
me reflejo, la luna,
las estrellas, el sol.

Bendice a quienes
escuchan y siguen
la luz.

Por amor, deja que tu
amor illumine la noche.

Todos aguardan el poder
de tu amor; déjanos
sentir tu amor santo,
en la tierra y en todo
el infinito universo.

Song 9
Joyful Praise

With my heart,
I sing You praise
and through
grace, I display
 your works.

Happy, I
rejoice in You;
to You
I sing praise.

Those who torment
me cease, for your
power is stronger
still.

You support
my cause,
for we are one.

Your power endures
all, for You are
for evermore.

You rule the
universe and hold
dominion over all
for evermore.

You endure all
and judge all
for evermore.

In distress, we
call upon your love
and put our trust
in You for evermore.

Canción 9
Alabanza Gozosa

Con todo mi corazón,
Te canto alabanzas
y con
gracias, muestro
tus obras.

Feliz, me
regocijo en Ti;
para Ti
canto alabanzas.

Los que me atormentan
se detienen, porque
tu poder cada vez más fuerte
todavía.

Tú apoyas
mi causa,
porque somos uno.

Tu poder perdura
sobre todo, porque Tú eres
eterno.

Tú gobiernas el
universo y
dominas sobre todo
eternamente.

Tú aguantas todo
y juzgas todo
eternamente.

En tiempos de dificultad,
pedimos tu amor,
ponemos nuestra confianza
en Ti eternamente.

We sing praise
to You, for You
are within us
for evermore.

Hear my cry, for
there are those
who torment me.

I sing You praise,
for your love is
my sustenance.

Hold back those
who torment me,
for their footing
is not on solid ground.

Show your love that
they who torment
will know the
power of your love.

We who know
your love rely
on your sustenance,
for we shall not
perish for evermore.

Show your love
that we may know
the power of your
love now and
for evermore.

Cantamos alabanzas
a Ti, porque Tú
estás con nosotros
eternamente.

Escucha mi clamor, porque
en él están
los que me atormentan.

Te canto alabanzas,
porque tu amor es
mi sustento.

Retienes
a quienes me atormentan,
porque sus pies
no están en tierra firme.

Demuestras tu amor para que
los que atormentan
sepan del
poder de tu amor.

Nosotros sabemos que
tu amor reside
en tu sustento,
porque no vamos a
morir nunca.

Muestra tu amor
para que conozcamos
el poder de tu
amor ahora y
eternamente.

Song 10

Those Without the Light

Why is it that
at my hour of need
You seem so
far away?

How is it that
the strong
persecute the
weak?

How is it that
there are those
who love malicious
envy?

How is it that
You are not
in their minds?

How is it that
there are those
who must control?

How is it that
there are those
who deceive
and fraud?

How is it that
there are those
who murder, rape,
and steal?

How is it that
there are those
who watch and catch
the weak?

Canción 10

Los Que No Tienen Luz

¿Por qué
en mi hora de necesidad
pareces estar
tan lejos?

¿Por qué el
fuerte
persigue al
débil?

¿Por qué
hay los que
aman la envidia
y maldad?

¿Por qué
Tú no estás
en sus mentes?

¿Por qué
hay gente
que tienen que controlar?

¿Por qué
hay gente
que engaña
y defrauda?

¿Por qué
hay gente
que asesina, viola,
y roba?

¿Por qué
hay gente
que persigue y atrapa
al débil?

How is it that
the weak fall
into their snare?

How is it that
they believe
You cannot see?

Arise and
strengthen us;
let us not
stand in want.

Shed your light
upon those
without love.

Show them
that only
love is
everlasting.

Let those who
invoke your love
rest in your domain.

Let your love
shine in this
domain, now
and for evermore.

¿Por qué
el débil cae
en su trampa?

¿Por qué
ellos creen
que Tú no les puedes ver?

Levántate y
fortalécenos;
no nos dejes
pasar necesidad.

Arroja tu luz
sobre aquellos
sin amor.

Enséñales
que solo el
amor es
eterno.

Deja a los que
invocan tu amor
descansar en tu regazo.

Deja que tu amor
brille en tu
regazo, ahora
y por la eternidad.

Song 11

My Trust

In You I place
my trust, like
a bird in flight
I trust.

For although
they try to
shoot me down,
I know I am
beyond their
ground.

If mountains
be destroyed
what am I to do?

I know You are
here with me,
what am I to do?

You see
those who
destroy;
how is it
that they
seem carefree?

In your love
I trust and whatever
will pass,
will pass,
yet your love
will not pass.

Canción 11

Mi Confianza

En Ti yo pongo
mi confianza, como
un pájaro que vuela
yo confío.

A pesar que
ellos tratan de
derribarme,
sé que estoy
mas allá
de su alcance.

Si montañas
serán destruidas
¿qué debo hacer?

Si sé que Tú estás
a mi lado,
¿qué debo hacer?

Tú ves
a los que
les destruyen;
¿por qué
ellos
se sienten bien?

En Ti
confío, y lo que quiera
sucedar
va a sucedar,
pero, tu amor
nunca acabará.

Song 12

Help for Myself

Help me,
for at times
my faith
escapes me.

Help me,
for at times
I do speak
untruths;
it's as if
my tongue
rules
my heart.

Help me.
What should
rule? My tongue
or my heart?

I know
You will arise
in my heart
and with time
I will be
your art.

I extend
my hand to all,
for as You
keep us all
like silver
in a safe,
I will treasure
every one's fate.

Canción 12

Ayuda para Mí Mismo

Ayúdame,
porque a veces
mi fe
se me escapa.

Ayúdame,
porque a veces
hablo
falsedades;
es como si
mi lengua
gobernara
mi corazón.

Ayúdame,
¿Qué gobernar?
¿Mi lengua
o mi corazón?

Sé
que brotarás
en mi corazón
y con el tiempo
seré
la obra de tus manos.

Extiendo
mis manos a todos,
porque Tú
nos guardas a todos
como plata
en una caja fuerte,
atesorando
el destino de cada uno.

Song 13

Remembrance

How long
will it be
before You call?

How long
will You
remain aloof?

How long shall
I console my soul,
having sorrow
in my heart?

I call out
like thunder:
Am I to live
a slumber of death?

Am I to see
those who trouble
me rejoice in
my death?

I have trusted
in your love
and my soul
shall rejoice
in that love.

I will sing anew,
for your love
is felt through
and through.

Canción 13

Recuerdo

¿Cuánto tiempo
pasará
hasta tu llamada?

¿Cuánto tiempo
estarás
al margen de todo?

¿Cuánto tiempo
debo consolar mi alma,
teniendo tristeza
en mi corazón?

Llamaré
como un trueno:
¿Voy a vivir
un sueño de muerte?

¿Voy a ver
a los que me afligen
alegrarse de
mi muerte?

He confiado
en tu amor
y mi alma
se regocijará
en ese amor.

Volveré a cantar,
porque tu amor
se siente de principio
a fin.

Song 14

The Foolish

The foolish say
You are not
to be found.

Why is there
so much darkness
about?

It is through
your grace
that many feel
and understand
what they
cannot see.

There are those
who say there are
no good works about.

Yes, it is
these very same
who care not
to know or love.

They eat yet
do not share
their bran.

But in vain,
they cling.

They turn
on the weak,
yet they know
You are within.

When will sustenance
descend, that in
this state they
will know your land?

Canción 14

Los Tontos

Los tontos dicen
que a Ti
no se Te puede hallar.

¿Por qué hay
tanta oscuridad
por ahí?

Es debido a
tu gracia
que muchos sienten
y piensan
que ellos
no pueden ver.

Ahí están
los que dicen que
no hay obras buenas.

Si, son
los mismos
a los que no les importa
saber o amar.

Ellos comen
pero no comparten
su pan.

Pero en vano,
se aferran.

Se vuelven
contra el débil,
aunque saben
que Tú estás con ellos.

¿Cuándo el sustento
llegará, para que en este
estado
conozcan tu tierra?

Song 15

Blessed

Who will abide in
your presence?

Those who live
by the word
or is it by
spirit we shall
know your state?

How will the
blessing come?

Is it seen
in our walk
or talk or
is it our
heart that
shall never
turn to naught?

Those whose hearts
and tongues are
sweet and do not
cause hurt replete,
is it they who are
of the light?

In their eyes
I do see your state.

The blessed share
the seed and for
their effort comes
the light,
for out of love
the land is
within sight.

Canción 15

Bienaventurados

¿Quién residirá
en tu presencia?

¿Los que viven
en tu palabra
o por
espíritu
conocemos tu estado?

¿Cómo llegará
la bendición?

¿Se verá en
nuestro camino
o en nuestra palabra
o en nuestro
corazón que
nunca
se vuelva en nada?

Aquellos cuyos corazones
y lenguas son
dulces y no
causan ningún dolor,
¿son ellos los que provienen
de la luz?

En sus ojos
Te veo.

Los bienaventurados comparten
la semilla, y de
su esfuerzo viene
la luz,
porque por amor
la tierra está
a la vista.

Song 16

Living Within

In You I place
my trust that
my flesh shall
transcend this plane.

With my soul
I do declare
that You are
my love.

I see those
of light and
those of none,
yet bless and
do not condemn.

A cup of wine
You provide
from grapes
made ripe.

I was made to
cast a lot and
lovingly You
foresaw the plot.

I bless You, for
You have given me
peace day and night.

You are within and
at my side, for I
set You before all
others and now I
shall not be moved.

And so my heart
is glad; my flesh
shall not run mad.

Canción 16

Viviendo Dentro

En Ti pongo
mi confianza,
mi vida
trasciende.

Con mi alma
declaro
que Eres
mi amor.

Veo a los que tienen
la luz y los que
no tienen nada,
bendigo
y no condeno.

Una copa de vino
Tú provees
de uvas
maduras.

Me hicieron
sufrir mucho y
amorosamente Tú
me avisaste del peligro.

Te bendigo, porque
Tú me has dado
paz día y noche.

Estás conmigo y
a mi lado, porque
Te puse ante todo
y ahora
soy invencible.

Y así mi corazón
se llena de orgullo; mi vida
no se vuelve loca.

My soul does know
your love and so
there is no hell.

You show me
the light
and in your
presence
there is only
joy for life.

Mi alma conoce
tu amor y así
no habrá infierno.

Muéstrame
la luz
y en tu
presencia
solo hay
alegría de vivir.

Song 17

For Divine Help

Hear my cry; let
my words rise
above the cries.

Let my thoughts be
equal to the light.

You know my heart;
You have visited me
by day and night.

Many a plight
I have survived.

You know that I am
one with the light.

It is your love
that keeps me from
plight, so I walk
embraced by the light.

Hear me that I may
speak of one accord
by day and by night.

Show us your
lovingkindness
that in the light
we may know our lives.

Keep me as precious
ivory bone and hide me
under wings of stone.

Keep me from those who
transgress about and
devour the dead yet alive.

Canción 17

Por Ayuda Divina

Escucha mi llanto; deja que
mis palabras se oigan
sobre las lágrimas.

Deja que mis pensamientos sean
como la luz.

Conoces mi corazón;
Me has visto
de día y de noche.

De muchas situaciones
he sobrevivido.

Ya sabes que estoy
unido a la luz.

Es tu amor
lo que me protege del
peligro, por eso camino
unido a la luz.

Escúchame para que pueda
hablar sólo de un acuerdo
de día y de noche.

Déjanos ver tu
misericordia
para que en la luz
podamos conocer nuestras vidas.

Guárdame como un valioso
hueso de marfil y escóndeme
bajo alas de piedra.

Guárdame de los que
pecan y devoran
los muertos aun vivos.

They are blinded by their
pride and will not stop
until their bellies grow wide.

Come forth, spare me from
this greedy prowl and cast
your shadow upon the proud.

Deliver my soul
by the light
that I may
be given life.

Yet, let those
with bellies full
know that in time
they shall know the
power of the light.

As for me, I awake
and am satisfied,
for the light
is my portion
day and night.

Están cegados por su
orgullo y no se detendrán
hasta que se hinchen sus barrigas.

Ven, sálvame
de esta persecución y arroja
tu sombra sobre los orgullosos.

Entrega mi alma
por la luz
para que pueda
recibir vida.

Sin embargo, deja que
los que tienen sus barrigas llenas
sepan que con el tiempo
conocerán el
poder de la luz.

En cuanto a mí, despierto
y estoy contento,
porque la luz
es mi destino
noche y día.

Song 18

All the Praise

You are my strength,
my fountain of love.

You are my rock,
my fortress,
my deliverer,
oh, my strength.
In You will I
trust, my shield,
my sustenance,
my tower of strength.

On You I rely,
worthy of praise,
and so I am rescued
from those who raid.

Perils

The sorrows of death
surround me,
the snares of death
entrench me.

Those who offend me
do make me shake.

Supplication and Deliverance

In distress, I cried
out and my voice was heard.

Then the earth did shake
and tremble quick, and the
hills and ground did move.

Oh, I saw smoke and
fire from the hills.

Canción 18

Toda la Alabanza

Eres mi fortaleza,
mi fuente de amor.

Eres mi roca,
mi refugio,
mi libertador,
oh, mi fuerza.
En Ti
confío, mi escudo,
mi sustento,
mi torre de refugio.

En Ti confío,
digno de alabanza,
y así me rescatas
de los que me atacan.

Peligros

Peligros de muerte
me rodean,
peligros de muerte
me acechan.

Los que me atacan
me hacen temblar.

Súplicas y Liberación

En la angustia, lloré
y escuchaste mi voz.

Entonces la tierra fue sacudida
y tembló, y las
colinas y el suelo se movieron.

Oh, vi humo y
fuego de las colinas.

Out of the sky
came star and sky,
until darkness
lay all aside.

And upon wings on
high did the wind
command the ride.

A darkness came
round about and
water rose up to
the sky.

But a brightness
did command the sky.

The sky did tremble
and coals of fire
did descend.

Arrows of lightning
shot out from which we
ran and the waters of
old provided life for
those who could not ascend.

Out of the wind
came breath anew,
leading me to land
where fruit once grew.

In this new land
I shall stay,
far away from
those who slay,
for in my flight
I did hold
You tight.

Del cielo
vinieron estrellas,
hasta que la oscuridad
lo puso todo a un lado.

Y sobre las alas
en lo alto, el viento
dirigió el viaje.

Una oscuridad
lo envolvió todo y
el agua ascenció
al cielo.

Pero un brillo
inundó el cielo.

El cielo tembló
y fuego
descenció.

Relámpagos
de los que
escapamos y aguas eternas
dieron vida a los que
no pudieron ascender.

Del viento
llegó un nuevo aliento,
llevándome a la tierra
donde una vez creció el fruto.

En esta nueva tierra
me quedaré,
muy lejos de
los que matan,
porque en mi huida
Te abracé
muy fuerte.

Faithfulness

My reward is
multiplied by
my kindness,
the purity of my
heart increased
by my feats.

I keep your ways and
take love above all else.

I listen to your voice
and do not forget
your ways.

I am pure in heart;
keep me from
all iniquity.

Show your ever
lovingkindness
to those who listen.

With the pure
in heart You are
pleased and with
them You are one.

Save the afflicted
and instill in them
love and peace.

Help Acknowledged

Light my path
and let my darkness
be no more, for with
You I have surpassed
all dismay and with
You I survive my days.

Lealtad

Mi recompensa se
multiplica por
mi bondad,
la pureza de mi
corazón aumenta
con mis logros.

Guardo tus caminos y
el amor por encima de todo.

Escucho tu amor
y no olvido
tus caminos.

Soy puro de corazón;
guárdame
de toda maldad.

Muestra
tu misericordia
a los que escuchan.

Con los puros
de corazón Tú Te
complaces y con
ellos Eres uno.

Salva a los afligidos
e infunde en ellos
amor y paz.

Ayuda y Reconocimiento

Ilumina mi camino
y deja que mi oscuridad
no sea más, porque gracias a
Ti he superado
todo desaliento y gracias a
Ti supero mis días.

Your way is perfect
by the ages, a shield
for all who trust in the
knowledge of the ages.

What is the essence
of life and, yes,
even death?

Is your love
present even
in death?

You are my rock,
my strength, my
path is laid.

Make me strong and
give me power of
flight that upon
that hill on high
I may descend like
an eagle that lights
in flight.

Teach me how to love
that with my hands I
may make instruments
of peace and love.

Be my shield for
my sustenance and let
your lovingkindness
strengthen me day and night.

Protect my step as I
walk and let not my feet
slip before those who
wish me to fall, for your
essence does allow me
to glide even in times
of distress.

Tu camino es perfecto
por los siglos de los siglos, un escudo
para los que confían
en el conocimiento eterno.

¿Cuál es la esencia
de la vida, si,
y de la muerte?

¿Tu amor
está presente incluso
en la muerte?

Eres mi roca,
mi fuerza, mi
camino está trazado.

Hazme fuerte y
dame el poder de
volar para que
sobre esa colina
pueda descender como
un águila que planea
en vuelo.

Enséñame a amar
para que con mis manos
pueda hacer instrumentos
de paz y amor.

Sé mi escudo para
mi sustento y deja
que tu misericordia
me fortalezca día y noche.

Protégé mi paso mientras
camino y no dejes que mis pies
tropiecen ante aquellos
que me quieren ver caer, porque tu
esencia mi permite
vencer incluso en momentos
de angustia.

Strengthen me before
those who like ships at
sea sway aimlessly
without throttle or sail.

They yell for help;
let your wind subside.
There are those who
cry for help; can
You hear them too?

They as the wind
do turn to dust,
yet even in dust
You are there.

Bless my head and
keep me this day,
I pray.

Only on You shall
I rely and so they
will never know why.

All the Praise

You are my rock and my
sustenance; You I bless
now and for eternity.

Keep me from those
who wish me harm that
out of the smoke I shall
rise with peace and love.

You are my fortress,
my solid rock, only You
I shall praise, for You
are the womb of my life.

Fortaléceme ante los que
como los baros en el
mar se balancean sin rumbo
sin vela ni timón.

Claman por ayuda;
deja que el viento amaine.
Hay quienes
piden ayuda; ¿los
escuchas también?

Son como el viento
que convierte en polvo,
pero incluso en el polvo
Tu estás allí.

Bendice mi cabeza y
guárdame en este día,
es mi oración.

Solo en Ti
confiaré y así
nunca sabrán por qué.

Toda la Alabanza

Eres mi roca y mi
sustento; Te bendigo
ahora y por toda la eternidad.

Guárdame de los que
me desean mal, porque
saldré del humo y me
levantaré con paz y amor.

Eres mi fortaleza,
mi roca sólida, solo a Ti
Te alabaré, porque Eres
la fuente de vida.

Bless us who keep your
deeds, may blessings befall,
for we who plant seed in
love and peace will know
the power of your call.

Bendícenos a los que guardamos tus
obras, que lluevan bendiciones,
los que plantamos semilla
de amor y paz conocerán
el poder de tu llamada.

Song 19

Glory

The universe
shines with
your glory,
the galaxies
electrified by
your love.

Day and night
the heavens
magnify your
electrifying light.

There is no sound,
voice, in the wind,
for your love is
the radiance we
feel within.

We have
the power of
the light and we
carry it to the
ends of the world,
for it is deep within
our soul.

Peace and love we
carry one by one and
with your strength
no path is impossible.

We go forth from end
to end and do not hide
our souls, for with your
love they shine like gold.

Canción 19

Gloria

El universo
brilla con
tu gloria,
las galaxias
electrificadas por
tu amor.

Día y noche
los cielos
magnifican
tu luz electrizante.

No hay sonido,
ni voz, en el viento,
porque tu amor es
el resplandor que
sentimos en el interior.

Tenemos
el poder de
la luz y
la llevamos a los
confines de la tierra,
porque está muy dentro
de nuestra alma.

Paz y amor
llevamos unos a otros y
con tu fuerza
no hay camino imposible.

Salimos de acá
para allá y no escondemos
nuestras almas, que gracias a tu
amor, brillan como el oro.

The Law

Your law is perfect,
for it is love.

By your love the
simple become wise;
the hard, supple.

Our souls do know
the law; and through
our eyes, hearts,
and minds we fulfill
the law.

We know the law is
love and as the sun
does shine we know
so does your love.

Like honey, sweet and
precious as gold, we
cherish your kindness
and share it with all,
for none is less worthy
of such endless love.

Release our selfish pride
and let your precious love
cleanse us in our stride.

Who is without a bit of
pride? Who can declare
a perfect life?

Let your love transform our
fault into hearts of peace and
let the universe seal your
love within this endless vault.

Give our tongues
the grace of peace
and our hearts and
minds love to keep.

La Ley

Tu ley es perfecta,
porque es amor.

Por tu amor, el
humilde se vuelve sabio;
el duro, flexible.

Nuestras almas conocen
la ley; y mediante
nuestros ojos, corazones,
y mentes cumplimos
la ley.

Sabemos que la ley es
amor así como el sol
brilla, lo mismo
hace tu amor.

Como la miel, dulce y
preciosa como el oro,
apreciamos tu bondad
y la compartimos con todos,
porque nadie es menos digno
de un amor tan infinito.

Libera nuestro orgullo egoísta
y deja que tu precioso amor
nos limpie en cada paso.

¿Quién no tiene un poco
de orgullo? ¿Quién tiene
una vida perfecta?

Que tu amor transforme nuestra
culpa en corazones de paz y
que el universo selle tu
amor dentro de esta vida sin fin.

Dale a nuestras lenguas
la gracia de la paz
y nuestros corazones y
mentes amor para guardar.

My soul does bless
You and does pray
your keep.

Mi alma Te bendice
y ruega
que Te guarde.

Song 20

Supplication for Victory

Hear me cry on this
day of freedom's flight.

Defend me here
on this plane and
strengthen me to
help those in pain.

I offer You my heart
and soul and with
cherished hope your
plan is clear.

We sing and praise
You for our sustenance.
Our blessing: peace,
health, and blithe
in abundance.

We know You hear our
plea; and as the stars
do shine at night,
we do trust in the
power of your light.

Your light does shine
upon us all, even
throughout the night,
for truly we are one
in such magnificent light.

Canción 20

Súplica por la Victoria

Escucha mi llanto
en este día de liberación.

Defiéndeme aquí
en este lugar y
fortaléceme para
ayudar a los que sufren.

Te entrego mi corazón
Y alma con
esperanza de que tu
plan es cierto.

Te cantamos y Te alabamos
por nuestro sustento.
Nuestra bendición: paz,
salud, y alegría
en abundancia.

Sabemos que Tú escuchas
nuestra súplica; como las estrellas
brillan de noche,
confiamos en el
poder de tu luz.

Tu luz brilla
sobre todos nosotros, incluso
a través de la noche,
porque en verdad somos uno
con esa luz magnífica.

Song 21

Thanksgiving for Victory

I rejoice in your
power of love
which calms the mind.

My heart's request
does fill this day.

The light of sun
rests upon our
heads, a blessing
of endless love,
more vast than
the stars, the sky
above.

Blessed are we
with everlasting
life; we come and
go as stars in flight.

Your glory does
rein the sky and
your sustenance
is the source
of our life.

We call upon You
to keep all at bay,
for we know that
your love is the way,
and in trust we are
strengthened this day.

Your power shines upon
the ground and it is
your love that stills
the restless crowd.

Canción 21

Acción de Gracias por la Victoria

Me regocijo en el
poder de tu amor
que calma la mente.

La petición de mi corazón
llena este día.

La luz del sol
descansa sobre nuestras
cabezas, una bendición
de amor eterno,
más inmenso que
las estrellas, o el mismo
cielo.

Bienaventurados
con vida
eterna; venimos y
vamos como estrellas que vuelan.

Tu gloria
reina sobre el cielo y
tu sustento
es la fuente
de nuestra vida.

Te llamamos
para que todo vaya bien,
porque sabemos que
tu amor es el camino,
y esa confianza
nos fortalece este día.

Tu poder brilla sobre
el suelo y es
tu amor lo que calma
a esta multitud inquieta.

Song 22

A Cry

I pray: Do not
forget me.

Your strength
I no longer feel.

I cry out day
and night yet
alone I feel in
this empty stay.

You are here, yet
why is it that I do
not sense your mind?

We do trust in You
as we did before the
gain, but now we do
not know what to feel.

We cried out in faith
and You rescued us from
our hopeless fate.

Out of your womb,
I came. How is it that
we do not feel the same?

You rest within, but
how shall we speak?

There are those who
knew me when I felt
You close and dear.

Now they say:
Call out to see
what comes near.

Canción 22

Llanto

Mi oración: No Te
olvides de mí.

Tu fuerza
ya no la siento.

Lloro día
y noche pero
me siento solo en
esta estancia vacía.

Estás aquí, pero,
¿por qué no logro
sentir tu mente?

Confiamos en Ti
como hicimos antes de
la victoria, pero ahora
no sabemos qué sentir.

Clamamos con fe
y Tú nos rescataste
de nuestro destino sin esperanza.

Fuera de tu vientre,
llegué. ¿Cómo es que
no sentimos lo mismo?

Descansas dentro, pero
¿cómo vamos a hablar?

Hay quienes me
conocieron cuando me sentí
cerca de Ti y querido.

Ahora dicen:
Clama para ver
lo que se acerca.

Out of the womb I
came; restore my
strength before
I reach the tomb.

Out of darkness
I came forth, yet
even then I knew
my soul was one
in your love.

The Call for Help

Be not far from me,
for trouble is near.

I feel suppressed
and without escape;
surround me and
shield me as though
with a vellum cape.

As bulls and lions
walk about, I too
will face the bout.

At times I feel my
bones melt like wax;
water cools my heart,
and down comes the ax.

My strength has left;
my tongue is dry; the
desert dust fills the
air with death's lust.

I call upon You to help,
for I know I shall rise
from this weakened state.

Dogs seek my flesh, pierced
by those who wish me dead.

Fuera de tu vientre,
llegué; recupera mis
fuerzas antes de
que llegue a la tumba.

De la oscuridad
salí, pero
incluso entonces supe que
mi alma se fundía
con tu amor.

Llamada por Ayuda

No Te alejes de mí,
porque el problema está cerca.

Me siento reprimido
y sin escape;
abrázame y
protégeme como
con una capa de vitela.

Como toros y leones
caminando, yo también
me enfrentaré a la pelea.

A veces siento mis
huesos derretirse como cera;
agua refresca mi corazón,
cae el hacha.

Mi fuerza se ha ido;
mi lengua está seca; el
polvo del desierto llena el
aire con lujuria de muerte.

Te invoco para que me ayudes,
porque sé que me levantaré
de este estado débil.

Los perros buscan mi carne, traspasada
por aquellos que me quieren muerto.

Yet, even now I
wish them peace.

Stripped, I stand; my
cloth upon the ground,
where now they cast their
lots. My body pierced, my
bones broken like stones.

Come near to me; I
magnify You within my
soul; You are my
strength, my life,
my very soul.

Deliver me from those
who rip my limbs like
wings; let me fly into
the wind like the eagle
upon clouds of golden wings.

The Praise

I claim your love
in the midst of
my senseless lust.

I declare your ever
lovingkindness my trust.

I praise You before
all be it day or night.

Those who cried out in
trust You sustained; let
them eat and be content.

We praise You, with our
soul, content in your
everlasting love.

Sin embargo, incluso ahora yo
les deseo paz.

Desnudo, estoy de pie; mis
ropas en el suelo,
donde ahora echan sus
suertes. Mi cuerpo traspasado, mis
huesos rotos como piedras.

Acércate a mí; yo
Te engrandezco dentro de
alma; Tú eres mi
fuerza, mi vida,
toda mi alma.

Líbrame de los
que rasgan mis extremidades como
alas; déjame volar al
viento como el águila
sobre nubes de alas doradas.

Alabanza

Clamo por tu amor
en el medio de
mi lujuria sin sentido.

Clamo siempre tu
misericordia, mi confianza.

Te alabo ante todo
sea de día o de noche.

A los que aclamaron con
confianza, Tú los sostuviste; que
coman y estén contentos.

Te alabamos, de toda
alma, contenta en tu
amor eterno.

The Soul

All the ends of the earth
know your love and all praise
your everlasting love.

Our soul is your home
and in our hearts we
feel your love.

All praise your
everlasting love,
for with it comes
life and wisdom
to beat this strife.

We hold the power
that creates and
bless the source:
Your love that
radiates.

We declare your
everlasting love
that all who follow
shall know the wonders
of your love.

Alma

Todos los confines de la tierra
conocen tu amor y todos alaban
tu amor eterno.

Nuestra alma es tu hogar
y en nuestro corazón
sentimos tu amor.

Todos alabamos tu
amor eterno,
porque con él viene la
vida y la sabiduría
para vencer esta lucha.

Tenemos el poder
que crea y
bendice nuestra fuente:
Tu amor que
irradia todo.

Declaramos tu
amor eterno
para que todos los que Te sigan
conozcan las maravillas
de tu amor.

Song 23

The Beloved

You are my love;
I shall not leave.

You keep me in
valleys of peace
and waters still
as the night.

You revive my soul
and lead me to the
path of everlasting
love to keep my soul.

Though I wade the waters
of the dreary night, You
are my guide, the power
at my side and I shall
dread no blight.

In the midst of disarray
there is light; before me a
harvest abundant as the sky;
upon me rests your might and
I sense the power of your ray.

Your love dwells in my soul
and peace shall abide in me
for everlasting life.

Canción 23

El Amado

Eres mi amor;
no Te dejaré.

Me guardas en
valles de paz
y aguas quietas
como la noche.

Haces que reviva mi alma
y me llevas al
camino de amor eterno
para guardar mi alma.

Aunque vadee las aguas
de la noche triste, Tú
eres mi guía, el poder
a mi lado y no
temeré ninguna plaga.

En medio del desorden
hay luz; ante mí una
cosecha abundante como el cielo;
sobre mí descansa tu poder y
siento el poder de tu trueno.

Tu amor habita en mi alma
y la paz morará en mi
para vida eterna.

Song 24

The Glory

Yours is the universe
and we who live within.

You are the source of
creation, in the seas,
and on the land.

Who shall enter this
place of peace?

We are pure of heart
and have souls of peace.

Bless and sustain us
with your love, for
we are the ones who
seek such peace.

With hearts like doors
to your mind, we stand;
let love dwell within.

Then and only then shall
we know your love.

They will ask: What is this
source we cannot see?
Will it shield my life when
they vie for my soul?

Open up your heart like a
door to your home; welcome
the Spirit that will
dwell within, for
within the soul resides the
love that lights the coal.

Let the Spirit remain
within; let us rejoice
in the glory deep within.

Canción 24

Gloria

Tuyo es el universo
y nosotros, que vivimos en él.

Tu eres la fuente de la
creación, en las aguas,
y sobre la tierra.

¿Quién podrá morar en tu
lugar de paz?

Somos los puros de corazón
y temenos almas de paz.

Bendícenos y susténtanos
con tu amor, porque
somos aquellos que
buscamos la paz.

Nuestros corazones son como puertas
a tu mente, seguimos;
deja que el amor crezca dentro.

Entonces y solo entonces
conoceremos tu amor.

Preguntarán: ¿Cuál es esta
fuente que no podemos ver?
¿Protegerá mi vida cuando
luchen por acabar con mi alma?

Abre tu corazón como la
puerta de tu casa; acoge
el Espíritu que habitará
en tu interior, porque
en el alma reside el
amor que enciende la brasa.

Que el Espíritu siga
dentro; regocijémonos
en la gloria en lo más profundo.

Song 25

Protection, Forgiveness

I call upon your love,
for I trust You will
spare my pain.

Protect me against
those who wish me harm.

Let your wisdom
show me the way.

Lead me to truth and
teach me your ways,
for You are my
sustenance and I bless
You all my days.

Your lovingkindness
is the source of my
solace today as
yesterday.

I have failed myself
and, in truth, You within;
lead me to peace and love
to withstand the sorrow
I feel within.

The Goodness

You are kind and for all
who ask You stay nearby.

The pure of heart
and mind shall know
your ways.

Canción 25

Protección, Perdón

Invoco tu amor,
porque confío en que Tú
perdonarás mi pena.

Protégeme de los que
quieren hacerme daño.

Haz que tu sabiduría
me muestre el camino.

Guíme hacia la verdad y
enséñame tus caminos,
porque Tú eres mi
sustento y por ello Te bendigo
todos mis días.

Tu misericordia
es la fuente de mi
consuelo hoy como
ayer.

Me he fallado a mi mismo
y, en verdad, a Ti también;
llévame a la paz y al amor
para soportar la pena
que siento dentro.

Bondad

Tu eres bueno y de los que
Te buscan Tú estás cerca.

Los puros de corazón
y mente conocerán
tus caminos.

For my own cause I wash
my vice with your love
and thank You with my whole
being, body, mind, and soul.

Within, there is no room
for dread nor rue, for in
my soul dwells your love,
the rescue of my soul.

We shall grow upon the
earth; let us rest on
this day of our birth.

Cry for Help

My feet are trapped,
my heart great with woe,
release me from my foe.

Inflame my heart,
enter me this very day,
remove all vice that
I may become your device.

In You I trust this
and every day.

Keep me from those who
want my flesh; protect me
with your light; for these,
I pray that one day they too
shall know your might.

I thank You and bless
You all my days.

Por mi propia causa lavo
mi vicio con tu amor
y Te agradezco con todo
mi ser, cuerpo, mente y alma.

Adentro no hay lugar
para el espanto ni lamento, pues en
mi alma vive tu amor,
el rescate de mi alma.

Creceremos sobre la
tierra; descansemos en
este día de nuestro nacimiento.

Clamar por Ayuda

Mis pies están atrapados,
mi corazón lleno de dolor,
libérame de mi enemigo.

Llena mi corazón,
entra en mí este mismo día,
quita de mí todo vicio para que
pueda convertirme en tu instrumento.

En Ti confío hoy
y cada día.

Protégeme de los que
quieren mi carne; protégeme
con tu luz; por esto,
rezo para que un día ellos
también conozcan tu poder.

Te doy gracias y Te bendigo
todos mis días.

Song 26

Adoration

You know me and see me
very minute of the day;
in You I trust; preserve
me this day.

My heart, mind, and soul are
yours; let your truth and
lovingkindness pour within.

Let the stain of vice
wash out, for we are
yours, good and bad.

I pray, let us know
the power of your love;
let your light shine
upon us this day.

Let me speak with a
tongue of peace and
think with a mind of
love, that in this house
there is room for all.

Bless my home that those
who enter will transpire
and that their hearts
will spark with the fire.

I walk in solitude, and
know that You are with me
and so I feel blessed
among the multitude.

In my home, all
alone, I praise You
and thank You for the
blessings of my day.

Canción 26

Adoración

Tú me conoces y me ves
cada minuto del día;
en Ti confío; guárdame
este día.

Mi corazón, mente y alma son
tuyos; deja que tu verdad y tu
bondad amorosa se derramen en mí.

Deja que la mancha del vicio
se lave, porque somos
tuyos, buenos y malos.

Ruego a Ti, haznos conocer
el poder de tu amor;
deja que tu luz brille
sobre nosotros este día.

Permíteme hablar con una
lengua de paz y
pensar con una mente de
amor, para que en esta casa
haya lugar para todos.

Bendice mi hogar para que
los que entren transpiren
y sus corazones
fulguren con fuego.

Camino en soledad, y
sé que Tú estás conmigo
y así me siento bendecido
entre la multitud.

En mi hogar,
solo, Te alabo y
doy gracias por las
bendiciones de mi día.

Song 27

Great Trust

You are my light
and my sustenance;
I have no fear.

You are the strength
of my life, so there is
no need to fear.

Some may come for
my flesh, but I stand
firm without fear.

Metal rain falls
through the night,
yet I seek no flight.

My desire is to rest in
your presence all the days
of my life, to behold the
truth, here within.

In trouble, I am hid like
a twig among the pine, and
those who wish me dead see
me not, for I am carried like
a petal upon the stream.

To You I sing praise,
for on this day of flight
I am safe within your sight.

I cried and You heard
me even in the midst
of this dreadful blight.

You did say: Seek the
light. And in darkness
I did sense the light.

Canción 27

Gran Confianza

Eres mi luz
y mi sustento;
no tengo miedo.

Eres la fuerza
de mi vida, así que no hay
necesidad de tener miedo.

Algunos pueden venir por
mi carne, pero me mantengo
firme sin miedo.

Cae lluvia de metal
durante la noche,
sin embargo, no busco volar.

Mi deseo es descansar en
tu presencia todos los días
de mi vida, para contemplar la
verdad, aquí dentro.

En problemas, estoy escondido
como una ramita entre los pinos,
y aquellos que me quieren muerto
no me ven, porque me llevas como
un pétalo por la corriente.

A Ti, Te canto alabanzas,
porque en este día de vuelo
estoy a salvo a tu vista.

Lloré y me escuchaste
incluso en medio
de esta terrible plaga.

Tú dijiste: busca la
luz. Y en la oscuridad
sentí la luz.

You stayed with me and
failed me not. How is it
that now so many turn on me?

Yet, I fear not, for I
know You are with me.

Teach me your way,
and lead me to the path
for my sake, for in You
I hold my stake.

Deliver me from those
who wish me harm and
turn the cycle of truth
about, that they might
sense the ruth.

In You I believe, for
here in this land is the
goodness of your command.

Here I wait
with courage
and faith,
for You are
my strength.

Te quedaste conmigo y
no me fallaste. ¿Por qué ahora
tantos se vuelven contra mí?

Sin embargo, no tengo miedo, porque
sé que estás conmigo.

Enséñame tu camino,
y guíame por el camino
que me lleva a Ti, porque en Ti
tengo mi apuesta.

Líbrame de aquellos
que quieren hacerme daño y
gira el ciclo de la verdad,
para que ellos puedan
sentir la verdad.

En Ti creo, porque
aquí en esta tierra está
la bondad de tu mandato.

Aquí espero
con valor
y fe,
porque Tú eres
mi fortaleza.

Song 28

A Call for Help

My rock of strength,
I call out: Hear me;
be not far away.

I cry out in this waste:
Come near in haste.

Protect me from those
who speak with twisted
tongues; let your light
shine upon me that I
may flee this and
all iniquity.

I pray: Let them
sense the peace; let
them feel the grief.

I bless You and thank You
for such everlasting loyalty.

You are my strength, my
shield; in You I trust and so
I shout with fervent praise.

Let your strength flow
through my veins that my
bones will outlast such reign.

Sustain us and bless
our keep that providence
will supply our feed.

Canción 28

Llamada de Ayuda

Mi roca de fortaleza,
clamo: Escúchame,
no Te alejes.

Clamo en este desierto:
acércate deprisa.

Protégeme de los que
hablan con lengua
doble; deja que tu luz
brille sobre mí para que
pueda huir de esta y
toda iniquidad.

Ruego: Deja que
sientan la paz; déjalos
sentir la pena.

Te bendigo y Te doy las gracias
por tan eterna lealtad.

Tú eres mi fuerza, mi
escudo; en Ti confío y por eso
clamo a Ti con fervor.

Deja que tu fuerza fluya
por mis venas para que mis
huesos sobrevivan a tal reinado.

Susténtanos y bendice
nuestro paso y que la providencia
nos alimente.

Song 29

In Honor

We praise You, for your
glory extends the vastness
of the universe.

You are present in the
seas, upon the land, and
throughout the galaxies.

We glorify your power,
its fullness in all majesty.

Your dominion transcends
the universe, encompassing
all life, all void.

In fire You are present;
in volcanoes which shake
the earth, causing us
to scatter, You are there.

All sing praise, alone or in
accord: You are the power
which flows with the tide.

Bless us and grant
us serenity.

Canción 29

En Honor

Te alabamos, porque tu
gloria refleja la inmensidad
del universo.

Estás presente en los
mares, sobre la tierra y
en las galaxias.

Glorificamos tu poder,
pleno en toda majestad.

Tu dominio trasciende
el universo, envolviendo
toda vida, todo vacío.

Estás presente en el fuego;
en los volcanes que sacuden
la tierra, haciéndonos
dispersar, ahí estás Tú.

Todos cantan alabanzas, solos o
acompasados: Tú eres el poder
que fluye con la marea.

Bendícenos y concédenos
serenidad.

Song 30

Thanks for Recovery

I extol You and
sing praise.

I cried out:
Heal me.

You seized my soul
from the void; keep
me strong that I may
retain your grace.

I claim your love;
embrace your peace.

No anger or pain I
hold within; restored,
I bless the morning,
for joy is the speed
that transforms
the night.

When I thrived, I did not have
You on my mind; but once in
peril, I tumbled and wailed,
an echo against the toll;
yet You indulged my plea.

What profit can I claim in
this sorry pit of death?

On this forsaken earth,
my coin cannot purchase
my rebirth.

Hear me: Let your
love fill my soul.

Teach me to forgive,
that I may reclaim my soul.

Canción 30

Gracias por Recuperarnos

Te ensalzo y
canto alabanzas.

Clamé:
Sáname.

Tomaste mi alma
del vacío; mantenme
fuerte para que pueda
retener tu gracia.

Reclamo tu amor;
abrazo tu paz.

No tengo ira ni dolor
en mi interior; restaurado,
bendigo la mañana,
porque la alegría es la velocidad
que transforma
la noche.

Cuando prosperé, no Te tenía
en mi mente; pero una vez en
peligro, caí y gemí,
un eco contra el peaje;
sin embargo, aceptaste mi súplica.

¿Qué beneficio puedo reclamar en
este triste pozo de muerte?

En esta tierra abandonada,
mi moneda no puede comprar
mi renacer.

Escúchame: Deja que tu
amor llene mi alma.

Enséñame a perdonar,
para que pueda recuperar mi alma.

This winter morning has
turned to spring; all ice
is lost in the deep.

Clothe me in radiant
light; let your
goodness shine
upon me.

As I come and go
through the millennia,
I will glorify You
with my soul.

I give You thanks
for your lovingkindness
now and for evermore.

Esta mañana de invierno se
volvió primavera; todo el hielo
se perdió en las profundidades.

Vísteme de luz
radiante; haz que tu
bondad brille
sobre mí.

Mientras vengo y voy
a través de los milenios,
Te glorificaré
con mi alma.

Te doy gracias
por tu misericordia
ahora y por siempre.

Song 31

Trust

Forsake me not,
for in You I place
my trust.

Deliver me from this
state; be my rock, my
defense in this place
where I stay.

You are my fortress,
for my sake guide
me to your state.

Draw me out from the net,
entangled I stray; daunted,
my strength is sapped.

Into your command
I commit my soul.

Redeem me with truth, for I
have failed myself and those
I love; in You I trust, redeem
me from my lonely state.

I rejoice in your love,
for You strengthen me
in my hopeless state.

Encircle me with your
Spirit; let no adversity
pull me down into the pit.

Canción 31

Confianza

No me desampares,
porque en Ti
confío.

Líbrame de este
estado; sé mi roca, mi
defensa en este lugar
donde habito.

Tú eres mi fortaleza,
guíame
a tu estado.

Sácame de la red,
enredado me desvío; atemorizado,
mi fuerza se agota.

A tus órdenes
encomiendo mi alma.

Redímeme con la verdad, porque
me he fallado a mí mismo y
a los que amo; en Ti confío, redímeme
de mi estado de soledad.

Me regocijo en tu amor,
porque Tú me fortaleces
en mi estado de desesperanza.

Rodéame con tu
Espíritu; que ninguna adversidad
me tire al pozo.

Extremity

Show me your
lovingkindness,
for I feel consumed
in this distress.

My life a mess, I have
wondered aimlessly for
years; my strength gone,
my bones mashed.

No one comes near;
they flee like deer.

A broken vessel,
my life is whirled
upon the sea.

Confidence

But I trusted in You;
You are my guide.

My life is your command:
Deliver me from this
terrible fate, this
tortured state.

Shine your light upon me;
rescue me for my sake.

Let me not be sent to
this terrible fate, for
I called upon You in
good faith and let those
who persecute also
start a new slate.

Extremidad

Muéstrame tu
misericordia,
porque me siento consumido
en esta angustia.

Mi vida es un desastre, he
navegado sin rumbo durante
años; mi fuerza se ha ido,
mis huesos se han hecho añicos.

Nadie se acerca;
huyen como ciervos.

Un barco roto,
mi vida se arremolina
sobre el mar.

Confianza

Pero en Ti confié;
Tú eres mi guía.

Mi vida son tus mandamientos:
Líbrame de este
terrible destino, de este
estado torturado.

Brilla tu luz sobre mí;
sálvame por mi bien.

No permitas que me envíen a
este terrible destino, porque
Te invoqué
de buena fe y
que los que persiguen también
comiencen una nueva pizarra.

Thanksgiving

Great is your goodness
for those who claim You
in faith, for those who
remain in good state.

Your Spirit is upon us,
not hid from those in faith.

We bless You, for your
amazing lovingkindness
replenishes our faith.

I called out: Restore
my accord, for I do
not wish to remain in
such miserable discord.

Preserve my faith, for
faith begets faith.

Strengthen my heart
and mind, that my soul
can transcend the vastness
of the universe, that in the
light I may grow in faith.

Acción de Gracias

Grande es tu bondad
para los que Te reclaman
en la fe, para los que
permanecen en buen estado.

Tu Espíritu está sobre nosotros,
no se esconde de los que tienen fe.

Te bendecimos, porque tu
asombrosa misericordia
renueva nuestra fe.

Clamé: Restaura
mi alma, porque
no quiero permanecer en
tan miserable discordia.

Conserva mi fe, porque
la fe engendra fe.

Fortalece mi corazón
y mi mente, para que mi alma
pueda trascender la inmensidad
del universo, para que en
la luz pueda crecer en fe.

Song 32

Blessing of Forgiveness

Blessed are they
who forgive.

Blessed are they
who live for peace,
and who hold love
within their soul.

I was silent; my bones
broken, my heart heavy
with my burden.

I admitted my misdeed,
for truly You knew
my iniquity, and now
I am relieved.

I thank You for the rain;
let it wash over me.

With You I cannot fake
nor hide, for in the vortex
You are there and once more
You deliver me for my sake.

Show me the plan; let our
minds convey the course.

Like the horse I shall
ride our accord, like
the wind in the
infinite span.

I bless the downbeat who take
their fate by default or be it
by consent, for I know that
your love does reach us all.

Canción 32

Bendición de Perdón

Bienaventurados
los que perdonan.

Bienaventurados
los que viven por la paz
y tienen el amor
en el alma.

Yo estaba en silencio; mis huesos
rotos, mi corazón pesado
con mi carga.

Admití mi maldad,
porque en verdad Tú conocías
mi iniquidad, y ahora
me siento aliviado.

Te doy gracias por la lluvia;
deja que me lave.

Contigo no puedo fingir
ni ocultar, porque en el vórtice
Estás allí y una vez más
Te entregas por mí.

Muéstrame el plan; deja que
nuestras mentes sigan el camino.

Como un caballo montaré
nuestro acuerdo, como
el viento en el
infinito.

Bendigo a los pesimistas que toman
su destino por defecto o por
consentimiento, porque sé que
tu amor nos alcanza a todos.

Gladly, I rejoice and share
this our accord that
we may all sing
in joyful chord.

Con gusto, me alegro y comparto
nuestro acuerdo para que
todos canten
en alegre armonía.

Song 33

Praise for Love

Let us rejoice and
bask in the light.

We praise You
in joyful harmony.

We sing a new song,
a festive melody.

For Love

Love is just;
the works truth.

Let us not try the day;
but let our fault flee like
leaves upon the wind.

Let our joy be the
scent of rose; let
us be refreshed
by the mist.

Creative Power

You are the womb
of the universe,
the breath that
gives us life.

You gathered the water of
the seas and gave us life.

We praise You, for out of
love we were conceived.

Canción 33

Alabanza de Amor

Regocijémonos y
disfrutemos de la luz.

Te alabamos
en gozosa armonía.

Cantamos una nueva canción,
una melodía festiva.

Por Amor

El amor es justo,
las obras verdad.

No pongamos a prueba el día,
sino que nuestra culpa huya como
las hojas al viento.

Que nuestra alegría sea
la esencia de la rosa; déjanos
refrescarnos
con la neblina.

Poder Creativo

Tú eres el vientre
del universo,
el soplo que
nos da vida.

Tú recogiste el agua de
los mares y nos diste vida.

Te alabamos, porque por
amor fuimos concebidos.

The universe made a sound:
All is bound; the radiating
light is the source of
all life.

El universo suena:
todo encaja; la luz
radiante es la fuente de
toda vida.

Domain

Counsel us, but be not stern,
for some listen, yet others
do not heed; be gentle
as we go into the light.

Your truth is forever;
the Spirit at our side,
as we go in and out
of the light.

Dominio

Aconséjanos, pero no seas duro,
porque algunos escuchan, pero otros
no hacen caso; sé amable
mientras vamos hacia la luz.

Tu verdad es eterna;
el Espíritu a nuestro lado,
mientras entramos y salimos
de la luz.

A Blessed State

Blessed are they who
choose the light.

The power lies
within and with
the source
we win.

The grace is acts of love,
and no coin shall deliver
one to the host.

Estado de Bendición

Bienaventurados los que
eligen la luz.

El poder está
dentro y con
la fuente
ganamos.

La gracia son actos de amor,
y ninguna moneda entregará
nada al anfitrión.

Protection

Behold, the power of love
is upon those who choose.

Out of coal comes the soul;
the Spirit, food for the soul.

Protección

Aquí, el poder del amor
está sobre aquellos que eligen.

Del carbón sale el alma;
el Espíritu, alimento para el alma.

From the womb we came and
through the tomb we revert;
our hearts firm in trust;
love deep within our soul.

Let your light guide us,
as we come and go, that
from this life we may
revert to the light.

Del vientre venimos y
a la tumba regresamos;
nuestros corazones firmes en la confianza;
amor en lo profundo de nuestra alma.

Deja que tu luz nos guíe,
en nuestro ir y venir, para que
de esta vida podamos
volver a la luz.

Song 34

Praise, Assurance

I bless You an infinite times;
I praise You with my soul.

I magnify your essence
within my soul and bless
your presence in all souls.

I sought You and with faith
all my fears washed away.

Even those in doubt who
called upon You for help
received the peace of your
ray; You rescued them from
hopeless disarray.

In camp the weak shook with
fright; in quandary, they
called out; now no longer
lost, they praise your love.

With our trust replete, your
goodness sublime, like young
lions that hunger for food,
we seek your love.

Let your blessings descend
upon us that we may transcend.

What are we to do with those
who harbor envy and beguile?

Cling to peace with your mind,
body, and soul; love yourself
and one another; harbor no
trials nor vials of pride.

Canción 34

Alabanza, Garantía

Te bendigo infinitas veces,
Te alabo con mi alma.

Magnifico tu esencia
dentro de mi alma y bendigo
tu presencia en todas las almas.

Te busqué y con fe
todos mis temores fueron eliminados.

Incluso aquellos con dudas que
Te buscaron en busca de ayuda
recibieron la paz de tu
rayo; los rescataste del
desorden sin esperanza.

En el campamento, los débiles temblaron
de miedo; en el dilema,
clamaron; nunca más perdidos,
alaban tu amor.

Con nuestra confianza colmada,
tu bondad sublime, como
leoncillos hambrientos de comida,
buscamos tu amor.

Que tus bendiciones desciendan
sobre nosotros para que podamos trascender.

¿Qué haremos con aquellos
que albergan envidia y seducen?

Aférrate a la paz con tu mente,
cuerpo y alma; ámate a ti mismo
y a los demás; no albergues
pruebas ni orgullo.

The womb of the earth
holds all action, for
like a twig thrown out
to sea it shall return to
shore; no action is unseen,
unheard nor undeserved.

Keep your thoughts, words,
and deeds close to your
heart, for like the twig
at sea, they shall return
onefold, a thousandfold,
in keeping with your art.

Preserve your energy
in kindred harmony,
for as you endow so
shall you procure.

Your design may keep you
in the earth, for it is
your purity of heart
that redeems your soul.

El vientre de la tierra
detiene toda acción, porque
como una ramita arrojada
al mar volverá a la
orilla; ninguna acción es invisible,
no escuchada ni inmerecida.

Mantén tus pensamientos, palabras
y acciones cerca de tu
corazón, porque como la ramita
en el mar, regresarán
una vez, mil veces,
de acuerdo con tu propósito.

Conserva tu energía
en armonía,
porque como tú lo propones
así será.

Tu diseño puede mantenerte
en la tierra, porque es
tu pureza de corazón
lo que redime tu alma.

Song 35

Protect Me

I invoke your love:
Bless me that I may
bless those who wish
me harm; encircle me
with your light; your
power is my shield
and my might.

Protect me that I may
deflect all harm directed
my way; I feel your
presence, and I am glad.

Like an elephant without
its trunk, they who harm
cannot sense my presence.

Like the condor with its
wings spread out, I am free
to flee, yet I pass unseen.

Like the bat with its flight
unstopped, I am empowered
to escape by day or night.

And for those who set out
traps, I am fast and pass
over toiled nets of deceit.

By the power of
constructed fate, the
law of cycles dominates
the land; in joyful bliss
I praise You for my state.

All my bones say
with conviction:
You provide
my quick escape.

Canción 35

Protégeme

Invoco tu amor:
Bendíceme para que
bendiga a quienes me desean
el mal; abrázame
con tu luz; tu
poder es mi escudo
y mi fortaleza.

Protégeme para pueda
dar vuelta a todo el mal dirigido
hacia mi; siento
tu presencia, y estoy feliz.

Como un elefante sin su
trompa, quienes me hacen daño
no pueden percibir mi presencia.

Como el cóndor con sus
alas extendidas, soy libre
para huir, pero paso desapercibido.

Como el murciélago con su vuelo
ininterrumpido, estoy empoderado
para escapar de día y de noche.

Y para aquellos que preparan
trampas, soy rápido y paso
por encima de tramas de engaño.

Por el poder de un
destino construido, la
ley de los ciclos domina la
tierra; en alegre bendición Te
alabo por mi condición.

Todos mis huesos dicen
con convicción:
Tú proporcionas mi
rápido escape.

False Speech

I confess: In weakness,
I fell to false speech.

For injury done, I was
lauded; deluded, I believed
what once I rebuffed.

For those whom I thought
were kindred, I deceived.

To them I opened my home,
as for my dearest love.

Yet when I needed help,
I called them and found
they had no time to
listen to my adversity.

With broken words and
fiery tongues they
did speak of me.

I invoked You:
Let me not be
dinner flesh for
these lions in a pack.

From this and all destruction,
let me flee; for this I thank
You and hold You dear.

For Others

Let me not be put to task;
protect me from my faults
and those who wish me harm.

Let the desert air refresh my
soul; let peace dwell on earth
after such destructive winds.

Falso Testimonio

Confieso: En debilidad,
caí en falso testimonio.

Por el daño hecho, fui
elogiado; engañado, creí
lo que una vez rechacé.

Por aquellos que pensé
eran de mi linaje, los engañé.

A ellos les abrí mi hogar,
como si fueran mi ser más amado.

Sin embargo cuando necesité ayuda,
les llamé y descubrí
que no tenían tiempo
para escuchar mi adversidad.

Con palabras rotas y
lenguas llenas de fuego,
hablaron de mí.

Te invoqué:
No permitas que sea
carne para la cena
de estos leones en manada.

De esto y toda destrucción,
déjame escapar; por esto
Te doy las gracias y Te abrazo.

Por otros

No me pongas a trabajar;
protégeme de mis errores
y de aquellos que desean hacerme daño.

Deja que el aire del desierto refresque
mi alma; deja que la paz habite en la tierra
después de tales vientos destructivos.

Listen to my cause:
Give me wisdom to know
where lies the trap before
my feet, that they who wish
me harm will not tie my feet.

Like the boat tossed about in
the storm, let those who wish
to harm remain at bay.

For the Kindred

Let those who are my
kindred praise You
for the blessings
bestowed on me.

With my tongue, I praise
the glory of your love;
for my blessings and those
to come, I thank You
today and everyday.

Escucha mi causa:
dame sabiduría para saber
dónde está la trampa delante de
mis pies, para que aquellos que desean
hacerme daño no aten mis pies.

Como el barco agitado en
la tormenta, deja que aquellos que desean
hacerme daño se mantengan lejos.

Por la Descendencia

Que aquellos que son de mi
familia Te alaben
por las bendiciones
que me has otorgado.

Con mi lengua, alabo
la gloria de tu amor;
por mis bendiciones y las que
vendrán, Te doy gracias
hoy y todos los días.

Song 36

They Without the Light

They who live without
the light believe we
cannot see what they do.

They who live without
the light say they do
not know what they do.

Truly, they without
the light cannot fathom
the effect of what they do.

Yet can a seed deep
inside the earth resist
the pull of life?

Yet can a seed once
touched by the water of
the stream resist the
energy to break the seam?

Within each seed there
is life, yet the power
to grow is held inside.

The Power

You are the power
within the seed.

Your power transcends
the furrows below to
the mountains on high.

Canción 36

Los Que No Tienen la Luz

Aquellos que viven sin
la luz creen que no
podemos ver lo que hacen.

Aquellos que viven sin
la luz dicen que no
saben lo que hacen.

Verdaderamente, aquellos que no tienen
la luz no pueden comprender
el efecto de lo que hacen.

¿Puede una semilla profunda
dentro de la tierra resistir
el llamado de la vida?

¿Puede una semilla una vez
tocada por el agua de
la corriente resistir la
energía para romper el surco?

Dentro de cada semilla hay
vida, pero el poder
de crecer está guardado dentro.

El Poder

Eres el poder
dentro de la semilla.

Tu poder trasciende
desde los surcos abajo hacia
las montañas en lo alto.

Lovingkindness

Abundant is your
lovingkindness and so
we glide like geese
with gilded wings.

And like the geese before
each flight, we prepare
our escape from this blight,
to reach our paradise.

Along the way, we
light to drink from the
fountain of life, and by
your eternal light we
transcend our plight.

Like the river which over
flows, your lovingkindness
saturates our souls.

Although I can only sense
in the brilliance of your
light, I shall not falter
for your guidance is the
radiance that gives me life.

Misericordia

Abundante es tu
misericordia y así
planeamos como gansos
con alas doradas.

Y como los gansos antes
de cada vuelo, nos preparamos
para escapar de esta plaga,
para alcanzar nuestro paraíso.

A lo largo del camino,
nos detenemos a beber de la
fuente de la vida, y por
tu luz eterna trascendemos
nuestra situación.

Como el río que se desborda,
tu misericordia llena
nuestras almas.

Aunque yo solo puedo
sentir lo brillante de tu luz,
no vacilaré
porque tu guía
es el brillo que me da la vida.

Song 37

You Are Blessed

Keep to yourself; do not
fret about what others do.

For like the thorny bush
which pierces flesh and
annoys, they are consumed
by the vine which destroys.

In You we trust and bless
the land which provides.

Silent we sit, for in the
calmness of the eve your
reply does toll; the tune we
hold, the message we retrieve.

We feel the light
within and till our
thoughts; your love
is grounded deep within.

Yet if outside the circle
of the light, await, for
in time it shall draw near
and consume all fright.

Hold dear the law of love
and put away all fakes,
for high are the stakes.

Those who have the law of
love upon their soul shall
stand against all toll.

As dried dandelions
disperse, so shall those
who without love converse.

Canción 37

Bendecido

Mantente a ti mismo; no te
preocupes por lo que hacen los demás.

Porque, al igual que el arbusto
espinoso que pica y molesta,
ellos se consumen
por la vid que destruye.

En Ti confiamos y bendecimos
la tierra que nos cuida.

Callados nos sentamos, pues en la
calma de la tarde tu
respuesta suena; la melodía
guardamos, el mensaje recibimos.

Sentimos la luz interior
y alimentamos nuestros
pensamientos; tu amor
está profundamente arraigado.

Pero si estás fuera del círculo
de la luz, espera, porque
con el tiempo se acercará
y consumirá todo miedo.

Mantén caro la ley del amor
y aleja todas las falsedades,
porque los riesgos son altos.

Aquellos que tienen la ley
del amor en su alma resistirán
a toda presión.

Como se dispersan los dientes de león
secos, así se dispersarán los que
hablen sin amor.

Till the love with ardent
strive, for in the soil
flowers shall thrive.

Steadfast hold your ground,
and like the willow bend
with the wind, for they
who plot come like a
tempest and descend
without a sound.

Out of their mouths come
lies which multiple like
flies; yet their soul is
rancid meat and to their
source they shall retreat.

Be content with your state,
one which you create.

You are blessed and
have the power to
create; let all ships
decide how to navigate.

By your faith be steadfast;
yet once upon the salty
sea you shall say:

What am I to drink?
Behold, this water is
the source; drink and
you shall know the course.

Those without a mast shall be
tossed about, and of the ships
not a splinter shall be found.

To green pastures you are led,
to rest upon emerald leaves.

Cultiva el amor con ardiente
esfuerzo, porque en el suelo
florecerán las flores.

Mantén firme tu posición,
y como el sauce, dobla
con el viento, porque aquellos
que planean llegan como
una tempestad y descienden
sin sonido.

De sus bocas salen
mentiras que se multiplican como
moscas; sin embargo, su alma es
carne rancia y volverán
a su fuente.

Vive contento con tu estado,
uno que tú creas.

Eres bendecido y
tienes el poder
de crear; deja que todos los barcos
determinen cómo navegar.

Por tu fe mantente firme;
pero una vez en el mar
salado dirás:

¿Qué voy a beber?
Mira, esta agua es
la fuente; bebe y
conocerás el rumbo.

Aquellos sin mástil serán
arrastrados y de los barcos
no quedará ni una astilla.

Hacia pastos verdes te llevan,
para descansar sobre hojas de esmeralda.

Youth is but an ounce of
gold; wisdom a ton of coal;
bathe in the water of your
birth and embrace the light
of everlasting mirth.

The mark is upon your
soul and with your tongue
you shall evoke the
principalities of old.

Tarry in your state
and listen to the law
governed by nature's way;
it ebbs and flows in
proportion to your faith.

Those who pass through
the night without a mast
are now feed for the sea,
but those who uphold nature's
way are delivered by their
unrelenting faith which
seals them to their fate.

La juventud es como una onza de oro;
la sabiduría como una tonelada de carbón;
sume en el agua de tu
nacimiento y abraza la luz
de alegría eterna.

La marca está en tu
alma y con tu lengua
evocarás a los
príncipes de antaño.

Permanece en tu estado
y escucha la ley
regida por la naturaleza;
fluye y se mueve
de acuerdo a tu fe.

Aquellos que pasan
la noche sin mástil
son ahora alimento para el mar,
pero aquellos que siguen el camino de la
naturaleza son liberados por su
fe inquebrantable la cual
los sella a su destino.

Song 38

The Genuine

Forget me not, for
although I am weak
I know my vice.

A Confession

There is no form to
my flesh in my weakened
state, neither is there
strength in my bones.

My iniquities are
upon me as cement
upon the ground.

My flesh is wounded
by my senseless pride.

I am troubled, alone in this
my quest of foolish wont.

For like a spade in the
ground, I have tasted grime.

I am broken, feeble by the
power of my senseless pride.

Aloneness

My desire is before
You as is my cry.

My heart skips a beat;
my bones are fragile and
with my eyes I see no light.

Canción 38

Lo Genuino

No me olvides, pues
aunque soy débil
conozco mi vicio.

Una Confesión

Mi carne no tiene
forma en mi estado
debilitado, tampoco hay
fuerza en mis huesos.

Mis iniquidades están
sobre mí como cemento
sobre el suelo.

Mi carne está herida
por mi estúpido orgullo.

Estoy angustiado, solo en esta
mi búsqueda de costumbre absurda.

Porque como una pala en el
suelo, he saboreado la mugre.

Estoy roto, débil por el
poder de mi estúpido orgullo.

Soledad

Mi deseo está ante
Ti como mi clamor.

Mi corazón se salta un latido;
mis huesos son frágiles y
con mis ojos no veo luz.

<table>
<tr><td>

Once many stood with
bated breath, now I
stand alone in this
my marsh of regress.

It is I who walked upon the
snared web who ate and talked
like those I once condemned.

Yet that day I became
deaf and blinded by the
source I could not see.

And so I could not hear
my inner voice nor speak
with sores upon my tongue.

</td><td>

Una vez muchos estaban con
la respiración contenida, ahora
estoy solo en mi
ciénaga de retroceso.

Fui yo quien caminó sobre
la telaraña atrapada que comí y hablé
como aquellos que una vez condené.

Sin embargo, ese día me quedé
sordo y ciego por la
fuente que no podía ver.

Y por eso no pude escuchar
mi voz interior ni hablar
con llagas en mi lengua.

</td></tr>
</table>

Hope

It is You deep inside
my soul who knew my mind.

With my soul I said:
Hear me, lest iniquity
rejoice over me, when
with my body I allowed
my soul to recede.

Let me not struggle
against myself, for with
your love I wish to halt
this and all iniquity.

Bless my soul that my
iniquity shall wash
from me; allow me to
transcend the sea of my
adversities, to pull back
the tide of my iniquity.

Hear my soul which speaks my
mind; allow me to heal in the
light which redemption brings.

Esperanza

Es Tú profundo dentro
de mi alma quien conoce mi mente.

Con mi alma dije:
Escúchame, para que no se regocije
la iniquidad sobre mí, cuando
con mi cuerpo permití
que mi alma retrocediera.

No dejes que luche
contra mí mismo, porque con
tu amor deseo detener
esto y toda iniquidad.

Bendice mi alma para que mi
iniquidad se limpie
de mí; permíteme
transcender el mar de mis
adversidades, para alejar
la marea de mi iniquidad.

Escucha mi alma que habla a mi
mente; permíteme sanar en la
luz que la redención trae.

Song 39

The Vanity of Life

I said that I would
heed my ways and not
misspeak, and so I was
silent, held my peace.

I felt hot within as
I viewed the scene, but
then I had to speak.

Let me know my most inner
thoughts and the length
of my days, that I may
know my inner strength.

My days feel
long and my life
is but a flicker
of your breath.

Some stand in vain, waiting
to gather their lust for gold,
yet they do not know what
will bring them life.

In what should I hope?
It is your love within
me which I crave.

Deliver me for my sake; let
my vice transcend my state.

Consume me with your
everlasting love; let
it heal me from within.

Canción 39

La Vanidad de la Vida

Dije que cumpliría
mis caminos y no
hablaría sin pensar, así que
guardé silencio, guardé mi paz.

Me sentí caliente dentro al
ver la escena, pero
entonces tuve que hablar.

Permíteme conocer mis pensamientos
más profundos y la duración
de mis días, para que
conozca mi fuerza interior.

Mis días se ven
largos y mi vida
es sólo un destello
de tu aliento.

Algunos esperan en vano, esperando
reunir su sueño dorado,
sin embargo, no saben lo que
les traerá la vida.

¿En qué debo esperar?
Es tu amor dentro
de mí lo que anhelo.

Líbrame por mi bien; que
mi vicio trascienda mi estado.

Consúmeme con tu
amor eterno; que me
cure desde dentro.

Let your peace flow through
my veins; let your light
shield me through my plight;
let me sense the Spirit of
your soul, for we are two,
yet glorified, we are one.

Deja que tu paz fluya
por mis venas; que tu luz
me proteja a través de mi prueba;
déjame sentir el Espíritu de
tu alma, pues somos dos,
sí, glorificados, somos uno.

Song 40

Acknowledgment

Patiently I waited
until You heard my cry.

From the pit of the earth
I was brought up and now
on rock I stand secure.

I sing a new song which
reverberates in the hills.

Blessed are they who trust
the inner voice within.

Many are the works of love;
more than I can recount.

A Confession

No sacrifice or offering do
You desire, only our will
which becomes your fire.

I do your will which is
my desire, for within my
heart lies your fire.

I seek not to change
others; one's life is
the standard for desire.

A simple life of love,
hope, and peace is my
desire, for it is my faith
which keeps me from my vice.

Canción 40

Reconocimiento

Pacientemente esperé
hasta que escuchaste mi llanto.

Del fondo de la tierra
fui sacado y ahora
en roca firme estoy seguro.

Canto una nueva canción que
retumba en los montes.

Bendecidos son los que confían
en la voz interior.

Muchas son las obras de amor;
más de las que puedo contar.

Confesión

No sacrificio ni ofrenda deseas,
solo nuestra voluntad
que se vuelva tu fuego.

Hago tu voluntad que es
mi deseo, pues dentro de mi
corazón yace tu fuego.

No busco cambiar
a otros; la vida de uno
es el estándar para el deseo.

Una vida sencilla de amor,
esperanza y paz es mi
deseo, pues es mi fe
lo que me mantiene lejos de mi vicio.

Supplication

Let your everlasting
lovingkindness flow and
wash over me like the tide,
that it will make me whole.

At times my vice is like
the hair on my head,
poisoning my soul.

Deliver me from myself,
and let those who wish
my fall relinquish their
grip; instead let them
seek solitude in the light
which intercedes their trip.

I have no use for coin,
nor fear my days ahead,
for You are here within.

Súplica

Deja que tu bondad amorosa
eterna fluya y
me bañe como la marea,
para hacerme completo.

A veces mi vicio es como
el pelo de mi cabeza,
envenenando mi alma.

Libérame de mí mismo
y que aquellos que desean
mi caída suelten su
presa; en lugar de eso, que
busquen soledad en la luz
que intercede su viaje.

No sé que hacer con mis monedas,
ni temor de mis días por venir,
porque Tú estás aquí dentro.

Song 41

Help in Time of Trouble

Blessed are You
who remember all.

Preserve us from those
who wish us harm.

Touch those lying sick in
bed and make them strong.

Heal me, for my vice
is a heavy load and
I have wronged
love within.

There are those who
speak about my demise,
but with your strength
I can survive.

I lie sick in bed,
trusting that I will
rise up once again.

I know your light shines
upon me, for I am able to
rise up from this heap of ash.

Closing

Blessed are You of
the universe now
and for evermore.
Amen.

Canción 41

Ayuda en Tiempo de Angustia

Bendito eres Tú
que lo recuerdas todo.

Guárdanos de aquellos
que desean nuestro mal.

Toca a aquellos que yacen enfermos
en la cama y hazlos fuertes.

Sáname, pues mi vicio
es una carga pesada y
he ofendido
el amor dentro.

Hay quienes
hablan de mi fin,
pero con tu fuerza
puedo sobrevivir.

Estoy enfermo en la cama,
confiando en que volveré a
levantarme una vez más.

Sé que tu luz brilla
sobre mí, pues soy capaz de
levantarme de este montón de cenizas.

Cierre

Bendito Tú en
el universo ahora
y por siempre.
Amén.

Book 2

Song 42

Thirst

Truly as all drink of
the brook, so too must
I drink of your stream.

My soul thirsts
for the lifeforce
only You can provide;
day and night, I search,
leaving a trail of tears.

When I remembered
my deed, my soul
poured out; for
I did not follow
my heed.

I praise You
every day of my life.

Why then do I feel cast
aside? How is that my soul
feels washed out by the tide?

I remembered You even in my
fall; consumed I am by the
noise and crashing waves.

Let your lovingkindness
pour over me this day that
I may sing your praise.

You are my rock; why then
do I stand frail before
those who wish me harm?

As the sword cuts
through my flesh, I
ask: Where are You now?

Libro 2

Canción 42

Sed

Verdaderamente como todos beben del
arroyo, así también yo
debo beber de tu corriente.

Mi alma tiene sed
por la fuerza vital
que sólo Tú puedes proporcionar;
día y noche, busco,
dejando un rastro de lágrimas.

Cuando recordé
mi acción, mi alma
se derramó; pues
no seguí
mi instinto.

Te alabo
cada día de mi vida.

¿Por qué entonces me siento
rechazado? ¿Por qué mi alma
se siente agotada por la marea?

Te recordé incluso en mi caída;
estoy consumido por el
ruido y las olas estruendosas.

Que tu bondad amorosa
me llene hoy para
que pueda cantar tu alabanza.

Tú eres mi roca; ¿por qué entonces
me siento frágil ante
aquellos que desean hacerme daño?

Mientras la espada atraviesa
mi carne, me pregunto:
¿Dónde estás ahora?

Though my soul is cast down,
still will I praise You, the
source of my life.

Aunque mi alma esté abatida,
todavía te alabaré, la
fuente de mi vida.

Song 43

My Strength

I stand tried by myself
yet am before those who
wish to act with pride.

You are my strength:
Why am I cast off,
before those who
wish to oppress?

Let me see the light,
truth which guides us
to the source of life.

I praise You
as I claim my birth
that the flame shall
be my mirth.

Here, I am cast off with
troubled soul yet I praise
You, the source of my life.

Canción 43

Mi Fortaleza

Me presento probado por mí mismo
aún así, ante aquellos que
desean actuar con orgullo.

Tú eres mi fuerza:
¿Por qué soy desechado,
ante aquellos que
desean oprimirme?

Permíteme ver la luz,
la verdad que nos guía
hacia la fuente de la vida.

Te alabo
mientras reclamo mi nacimiento
para que la llama sea
mi alegría.

Aquí, soy desechado con una alma
llena de problemas, sin embargo
Te alabo, la fuente de mi vida.

Song 44

Deliverance

Those before me tell
me of wondrous works
done in times past.

Kindred driven off
land and afflicted
with their own discord.

Land they took
guided by the
favor shone them.

We do not trust
weapons but
the light which
is the source of
all life.

With your strength,
we stand firm
against all odds.
We praise You for giving
us the light of our day.

We turn from those
who wish to harm.

Here we stand; food given up
as meat before the prowler
who is ready to eat.

We are sold like cattle and
stand in scorn; confused,
we stand in awe.

Canción 44

Liberación

Antes de mí, me cuentan
maravillosas obras
hechas en tiempos pasados.

Parientes arrojados
de sus tierras y afligidos
con su propia discordia.

Tierra que tomaron
guidados por el favor
que recibían.

No confiamos en armas
sino en la luz
que es la fuente
de toda
vida.

Con tu fuerza,
estamos firmes
contra todas las adversidades.
Te alabamos por darnos
la luz de nuestro día.

Nos apartamos de aquellos
que desean hacernos daño.

Aquí nos mantenemos; alimento
ofrecido al acechador
listo para comer.

Somos vendidos como ganado y
estamos en desprecio; confundidos,
estamos en asombro.

We hear voices of
reproach and wonder
why. All this has
come upon us, yet
we do not forget
your love.

Our hearts have not turned
hard and our minds are
still inclined your way.

Though we are
broken as if by
dragons and covered
by a pall of death,
we do not forget
your love nor call
upon someone strange.

You know us, mind,
heart, and soul;
is there some
secret that we
do not know?

By day we are
killed, counted
in the slaughter.

Where are You?
Arise, awake:
Let us not
be cast off
for evermore.

Why are You not
here beside us?

Our bodies are
turned to ash,
yet our souls
cling to hope.

Oímos voces de
reproche y nos preguntamos
por qué. Todo esto
ha caído sobre nosotros,
pero no olvidamos
tu amor.

Nuestros corazones no se han endurecido
y nuestras mentes aún están inclinadas
hacia tu camino.

Aunque estamos
quebrantados como por
dragones y cubiertos
por un velo de muerte,
no olvidamos
tu amor ni llamamos
a alguien extraño.

Tú nos conoces, mente,
corazón y alma;
¿hay algún
secreto que
no sepamos?

De día somos
asesinados, contados
en el matadero.

¿Dónde estás?
Levántate, despierta:
No seamos
desechados
para siempre.

¿Por qué no estás aquí
a nuestro lado?

Nuestros cuerpos se han
convertido en cenizas,
sin embargo nuestras almas
se aferran a la esperanza.

Arise and give us
help; redeem us
for our sake.

Levántate y danos
ayuda; redímenos
por nuestra causa.

Song 45

A Wedding Hymn

My heart is a tablet
and my mind the pen
with which I write.

It is with grace that we
speak; blessed are You
now and for evermore.

Ride with peace at your
side and prosper; let
truth guide your hand.

Let arrows lay
where they fall,
for those who live
by them will fall.

Here, peace and
love reside.

Garments smell of myrrh,
aloes and cassia, and in
the fragrance we are made glad.

Inclined to your thoughts,
we are thankful for
these precious gifts.

Increase the beauty and
the fullness of our life.

We are dressed in gold;
be glad and rejoice in it,
this our wedding day.

Another generation will
pass and soon another
will come and go; let us
continue for evermore.

Canción 45

Canción de Bodas

Mi corazón es una libreta
y mi mente la pluma
con la que escribo.

Es con gracia que
hablamos; bendecido seas
ahora y por siempre.

Viaja con paz
a tu lado y prospera; deja
que la verdad guíe tu mano.

Deja que las flechas caigan
donde caigan,
porque aquellos que viven
por ellas caerán.

Aquí, la paz y el
amor residen.

Las vestiduras huelen a mirra,
áloe y casia, y en
la fragancia nos alegramos.

Inclinados a tus pensamientos,
estamos agradecidos
por estos preciosos regalos.

Aumenta la belleza y
la plenitud de nuestra vida.

Estamos vestidos de oro;
alégrate y regocíjate en él,
este es nuestro día de bodas.

Otra generación pasará
y pronto otra
vendrá y se irá;
sigamos por siempre.

Song 46

Confidence

You are our refuge
and strength, present
in every need.

We will not fear,
though the earth
moves and mountains
are tossed into the
sea, though the waters
roar and swell the land,
though the earth parts.

A river with streams
made glad will flow
into the land.

You are in the midst
of the city and it
will not move.

In the land far
off, cities fell;
the earth parted.

You are our refuge;
we will not move.

Though wars begin
and weapons fly,
they will cease
and know the
power of peace.

You are with us on this
earth and in the universe;
we shall survive.

Canción 46

Confianza

Tú eres nuestro refugio
y fuerza, presente
en cada necesidad.

No temeremos,
aunque la tierra
se mueva y los montes
sean arrojados al
mar, aunque las aguas
rugen y agitan la tierra,
aunque la tierra se parta.

Un río con arroyos
alegres fluirá
hasta la tierra.

Tú estás en medio
de la ciudad y ella
no se moverá.

En la tierra lejana,
las ciudades cayeron;
la tierra se partió.

Tú eres nuestro refugio;
no nos moveremos.

Aunque las guerras comiencen
y las armas vuelen,
ellas cesarán
y conocerán el
poder de la paz.

Tú estás con nosotros en esta
tierra y en el universo;
sobreviviremos.

Song 47

Rules of the Earth

Shout and clap
with joy.

Nations at war
will be subdued.

This land is
our inheritance.

Sing praise and
shout with joy:
Though we call this
our land we know
it belongs to all.

Canción 47

Reglas de la Tierra

¡Grita y aplaude
con alegría!

Las naciones en guerra
serán sometidas.

Esta tierra es
nuestra herencia.

Canta alabanzas y
grita con alegría:
Aunque llamemos a esto
nuestra tierra, sabemos
que nos pertenece a todos.

Song 48

Praise in the City

You are great and
worthy of praise
in the city and
on the mount.

Beautiful is this
place and in it
we shall be glad.

Before us are
the strata,
yet in this
place there
is only grace.

Lovingkindness guards
this place and in it we
will praise your love.

Let us all sing praise
and thank the energy
that moves the earth.

Mark the truth and
tell it well to all
to come at the call.

You are our guide
throughout our life.

Canción 48

Alabanza en la Ciudad

¡Eres grande y
merecedor de alabanza
en la ciudad y
en las montañas.

Hermoso es este
lugar y en él
estaremos felices.

Delante de nosotros están
los estratos,
sin embargo solamente
en este lugar
hay gracia.

Bondad amorosa custodia
este lugar y en él
alabaremos tu amor.

Que todos cantemos alabanzas
y agradezcamos por la energía
que mueve la tierra.

Marca la verdad y
cuéntasela a todos
que acudan a la llamada.

Tú eres nuestro guía
durante toda nuestra vida.

Song 49

The Folly

Hear this all of the
earth, be you rich
or poor, low or high.

Truth speaks wisdom
and in it you will
find atonement.

Listen to this
parable and heed
the melody upon
the harp.

Why should we fear
the days of vice,
when our iniquity
follows us about?

There are those who
trust in gold and
boast of the toll.

No coin shall redeem
the fools nor a
ransom keep.

Those who want to live
forever but cannot see
the truth like the wise
die and leave their coin
for others to keep.

Their thought is
that their house
will stand like the
land they call their own.

No honor do they hold;
this their folly sold.

Canción 49

Locura

¡Escuche esto toda la
tierra, seas rico
o pobre, bajo o alto!

La verdad habla sabiduría
y en ella
encontrarás el perdón.

Escucha esta
parábola y atiende
la melodía
en la lira.

¿Por qué temer
los días de maldad,
si nuestra iniquidad
nos persigue?

Hay quienes
confían en el oro
y se jactan de su tributo.

Ninguna moneda redimirá
a los necios ni un rescate
los salvará.

Quienes quieren vivir
por siempre pero no pueden
ver la verdad como los sabios,
mueren y dejan su oro para
que otros lo guarden.

Piensan que
su casa permanecerá
como la tierra
que llaman suya.

No tienen honor;
esta su necedad vendida.

In the grave they
decay, for no light
shines upon their grave.

Yet the soul can
transcend the pit
of the grave; not
by coin but by grace.

As you live, bless
your soul that
you shall transcend
into the light.

They who do not honor the
cosmic law will perish
by their common plight.

En la tumba se descomponen,
pues ninguna luz brilla
sobre su tumba.

Sin embargo, el alma
puede trascender el pozo
de la tumba; no por monedas,
sino por la gracia.

Mientras vivas,
bendice tu alma,
para que
transcendas a la luz.

Quienes no honran la ley
cósmica perecerán por
su destino común.

Song 50

The Tried

You are the womb
of the universe,
the rising sun
upon the earth.

You are
the Light.

Silence is broken and
fire lights the way.

The universe
is called
on this day.

Those who stand
for You are joined
in the light.

Listen

Hear me; I call out
from the silence
and the light.

I know your thoughts,
your ways; I know the
truth behind all words.

All the earth and
the galaxies are one.

Eat and drink to love and
I will bless your souls.

Praise the light
and you shall see
the rising sun.

Canción 50

Probado

Tú eres el vientre
del universo,
el sol naciente
sobre la tierra.

Tú eres
la Luz.

El silencio se rompe y
el fuego ilumina el camino.

El universo
es llamado
en este día.

Aquellos que se levantan
por Ti se unen
en la luz.

Escucha

Escúchame; llamo
desde el silencio
y la luz.

Conozco tus pensamientos,
tus caminos; conozco la
verdad detrás de todas las palabras.

Toda la tierra y
las galaxias son una.

Come y bebe para amar y
bendeciré tus almas.

Alaba la luz
y verás
el sol naciente.

To the Hypocrite

But you who eat and
drink with salt upon
your tongue, know that I
see the vile of your pride.

I see you ignore my ways,
turn deaf to the word.

Recall the day you
consorted with thieves,
the day you lay
in lust.

Your tongue spoke evil
and slandered those you
thought you loved.

These acts I saw and heard,
yet kept silent, but not out
of union with your vanity.

Today, the mirror
of life shall show
the vileness of
your iniquity.

Promise

Heed the promise,
you who praise and
glorify the Light:
I shall remember you
and embrace you
in the radiance
of the Light.

Al Hipócrita

Pero tú que comes y
bebes con sal en
la lengua, sabe que
veo el veneno de tu orgullo.

Veo como ignoras mis formas,
sordo a la palabra.

Recuerda el día en que
te juntaste con ladrones,
el día en que te acostaste
en lujuria.

Tu lengua habló mal
y calumnió a aquellos
que querías amar.

Estos actos vi y oí,
aunque guardé silencio, pero no
en unión con tu vanidad.

Hoy, el espejo
de la vida mostrará
la vilenía de
tu maldad.

Promete

Escucha la promesa,
tú que alabas y
glorificas la Luz:
Te recordaré
y te abrazaré
en el resplandor
de la Luz.

Song 51

Forgiveness

Forgive me and
according to your
lovingkindness
blot out my vice.

Wash me thoroughly
of my iniquity and
cleanse me of all vice.

I acknowledge my vice,
for it is forever before me,
against myself and love.

Out of the womb
I was conceived
yet for lack of
good I fell
into the tomb.

Truth lies inside the core,
yet will I ever know the
wisdom deep within?

Purge me with the truth
and let the rain wash over
me that I may be clean.

I hear the joy and
rejoice; my broken
bones are again restored.

I see the vice of my deed
and with love I blot it out.

Create in me a new
heart, renew my soul.

Do not leave me nor release
your grace from me; restore
my strength; sustain my soul.

Canción 51

Perdón

Perdóname y
de acuerdo a tu
misericordia
borra mis pecados.

Lávame completamente
de mi iniquidad y
límpiame de todo pecado.

Reconozco mi pecado,
pues siempre está delante de mí,
contra mí mismo y mi amor.

Del seno materno
fui concebido
sin embargo
por falta de bondad
caí en la tumba.

La verdad yace en el núcleo,
¿pero alguna vez conoceré
la sabiduría que hay dentro?

Purifícame con la verdad
y deja que la lluvia caiga sobre
mí para que yo sea limpio.

Escucho la alegría y
me regocijo; mis huesos
rotos de nuevo han sido restaurados.

Veo el pecado de mis acciones
y con amor lo borro.

Crea en mí un corazón
nuevo, renueva mi alma.

No me abandones ni retires
tu gracia de mí; restaura
mi fuerza; sostén mi alma.

Let me teach others
your ways that they
too will see the
weight of their vice.

Though I bleed,
restore me that
with my tongue
I shall sing praise.

No sacrifice nor
deed is the desire,
but a consuming love
wrought in your fire.

A healed soul and heart
made whole are what I
claim from the flame.

In jubilation, with
devoted love, I build the
walls of this holy state.

Here upon this altar,
I lift up the eternal
flame of peace.

Permíteme enseñar a otros
tus caminos para que también
vean el peso
de sus pecados.

Aunque sangre,
restáurame para que
con mi lengua
cante alabanzas.

Ningún sacrificio ni
acciones es lo deseado,
sino un amor consumido
forjado en tu fuego.

Un alma sanada y un corazón
sanado es lo que reclamo
de la llama.

En júbilo, con
amor devoto, edifico
los muros de este estado sagrado.

Aquí en este altar,
levantó la eterna
llama de paz.

Song 52

The Fall

Why do you boast with
such vile vice? Has all
goodness passed like
sand in the hour glass?

Your tongue is razor sharp
and works a web of deceit.

Is your vice stronger
than all good? Do such
lies stand firmer
than the truth?

On your own accord you
walked away from the
source of love.

Did you unearth the
root? Can others see
and hear such conceit?

Yet here is one like
the olive seed; the
lifeforce is the trust.

Rely on the water and
the light; praise the
source of all life.

Canción 52

Caída

¿Por qué alardeas
de tan vil vicio? ¿Toda
bondad pasó como
la arena del reloj de arena?

Tu lengua es afilada como una navaja
y teje una red de engaños.

¿Es tu vicio más fuerte
que toda la bondad? ¿Tus
mentiras son más firmes
que la verdad?

Por tu propia cuenta
te alejaste de la fuente
del amor.

¿Descubriste la
raíz? ¿Pueden otros
ver y oír tal soberbia?

Sin embargo, aquí hay uno como
la semilla de olivo; la fuerza
vital es la confianza.

Confía en el agua y en la luz;
alaba a la fuente
de toda vida.

Song 53

The Corruption

The fool says:
There is no
love; the heart
knows no good.

You scanned
the universe
to seek a place.

There are those who turn
their backs and do no good.

Do they work for
iniquity's sake?

Do they devour the
bread of life?

In awe, they lack fear
in their camp of bones.

Hear the jubilation of the
new state, for out of such
decay there is escape.

Canción 53

Corrupción

El tonto dice:
No hay
amor; el corazón
no conoce el bien.

Exploraste
el universo
para buscar un lugar.

Hay quienes dan
la espalda y no hacen el bien.

¿Trabajan para
la causa de la iniquidad?

¿Devoran el
pan de la vida?

En temor, carecen de miedo
en su campo de huesos.

Escucha el júbilo del
nuevo estado, porque de tal
decadencia hay escape.

Song 54

The Helper

Rescue me: Your
love is my strength.

Hear my prayer; let my
words transpire my vice.

Strangers are up against
me; others seek my soul.

You are my helper;
You uphold my soul.

Deflect their will
and show them the
state of grace.

I praise your love,
for You have delivered
me from all trouble and
my eyes have seen the truth.

Canción 54

El Ayudante

Rescátame: Tu
amor es mi fuerza.

Escucha mi oración; deja que mis
palabras expresen mi deseo.

Extraños están en mi contra;
otros buscan mi alma.

Tú eres mi ayudante;
Tú sostienes mi alma.

Desvía su voluntad
y muéstrales el
estado de gracia.

Alabo tu amor,
porque me has librado
de todo problema y
mis ojos han visto la verdad.

Song 55

The Destruction

Hear my prayer and
do not hide from me.

Hear me, a lonely noise
among this day of mourn.

My enemy is cast upon me;
their iniquity upon my bones.

My heart is sore with
pain; the terror of death
a heavy load upon my name.

I tremble with fear and
horror which paralyze me.

I long for a dove, for
upon its wings to flee,
to rest in peace away
from this bitter storm.

The city is rent in two
and the violence firm.

The walls are but clay
and soak up the sorrow
spewed each day.

Vengeance fills the
streets and upon this
day I am overcome by
such vile deceit.

In counsel, we walked
toward the house of peace.

Before us there was death
and pestilence, and in the quick
we thought: Is this the end?

Canción 55

La Destrucción

Escucha mi oración
y no te escondas de mí.

Escúchame, un solo ruido
en este día de luto.

Mi enemigo se ha echado sobre mí;
su iniquidad sobre mis huesos.

Mi corazón está lleno de
dolor; el terror de la muerte
una gran carga sobre mi nombre.

Tiemblo con miedo y
horror que me paralizan.

Anhelo a una paloma, para
en sus alas huir,
descansar en paz lejos
de esta amarga tormenta.

La ciudad está dividida en dos
y la violencia es firme.

Los muros son de barro
y absorben la tristeza
que se vomita cada día.

La venganza llena las
calles y en este
día soy vencido por
tal engaño vil.

Con consejo, caminamos
hacia la casa de la paz.

Ante nosotros había muerte
y peste, y en un momento
pensamos: ¿Es esto el final?

We called upon your
love, morning, noon
and evening, too.

Hear our voices and
deliver us from this
battle against our will.

Let this lack of fear
transcend our state.

Let peace descend
upon divided state.

Out of the sky came
a sweet mist, yet
they drew their swords.

I cast my faith
in love let me not
suffer nor be moved.

They are cast down, into
the pit, among the bones
of deceptive wit.

Llamamos a tu
amor, mañana, tarde
y noche también.

Escucha nuestras voces y
líbranos de esta
batalla contra nuestra voluntad.

Que esta falta de miedo
transcienda nuestro estado.

Que la paz descienda
sobre el estado dividido.

Del cielo bajó
una suave neblina, sin embargo
ellos sacaron sus espadas.

Yo deposito mi fe
en el amor no me deje sufrir
ni ser movido.

Ellos están derrotados, en
el hoyo, entre los huesos
de la astucia engañosa.

Song 56

A Prayer for Help

Rescue me; let not
the fighting around
me swallow me up.

The enemy is in
my midst; in You
I trust: Do not
relinquish me.

You, I praise; your
love I trust, hence
no flesh need I fear.

My words are twisted; my
enemy at my gate.
How am I to escape
this fate?

You know my wanderings,
You see my tears: Enough
are they to touch the pier.

I cry out: Hide me from
my enemy, for I know
this too will pass.

I praise your love
and in You I trust;
I will not fear what
others can do to me.

Your vow is upon me
and I will praise You,
night and day, for You
delivered my soul from
death that I may walk
among the living.

Canción 56

Oración por Ayuda

Rescátame; no dejes
que la lucha a mi alrededor
me devore.

El enemigo está en
mi medio; en Ti
confío: no me
abandones.

A Ti, Te alabo; tu
amor confío, por lo tanto
no temeré a la carne.

Mis palabras son torcidas; mi
enemigo está a mi puerta.
¿Cómo escaparé de
este destino?

Tú conoces mi camino,
Tú ves mis lágrimas: Son suficientes
para tocar el muelle.

Grito: Escóndeme de mi
enemigo, pues sé que
esto también pasará.

Alabo tu amor
y en Ti confío;
No temeré lo que
los otros pueden hacerme.

Tu voto está sobre mí
y yo Te alabaré,
noche y día, porque Tú
libraste mi alma de
la muerte para que pueda caminar
entre los vivos.

Song 57

In the Midst of Danger

Rescue me, for in You
my soul does trust.

In the shadow of your
wings I take refuge
from all calamity.

To You I cry upon most
high: Send help that
I may escape those who
wish to consume me whole.

My soul is among lions
as I lie to rest; their
teeth are spears set
afire upon my flesh.

You are exalted in the
universe; your glory
is upon the earth.

Before me they have laid
a net and my soul is cast
down inside the pit.

Even still my heart is fixed
upon your love, and I will
praise and sing glory be.

Hear my harp that I may
awake from this reverie.

I praise your love before all
nations, for it extends
throughout the universe and
the clouds are truth
spread upon the sky.

Canción 57

En Medio del Peligro

Rescátame, porque en Ti
confío mi alma.

En la sombra de tus
alas me refugio
de toda calamidad.

A Ti clamo a lo más alto:
envía ayuda para
que escape de los que
desean devorarme por completo.

Mi alma está entre los leones
mientras descanso; sus
dientes son lanzas encendidas
sobre mi carne.

Tú estás exaltado en el
universo; tu gloria
está sobre la tierra.

Delante de mí han puesto
una red y mi alma está arrojada
dentro de la fosa.

Aún así, mi corazón está
fijado en tu amor, y alabaré
y cantaré gloria a Ti.

Escucha mi arpa para que
me despierte de esta fantasía.

Te alabo tu amor ante
todas las naciones, porque
se extiende por el universo
y las nubes son verdades
extendidas en el cielo.

You are exalted above the
universe and your glory
shines upon the earth.

Tú estás exaltado por encima
del universo y tu gloria
brilla sobre la tierra.

Song 58

The Trial

Do you speak
with pride?

Do you try with
pious souls?

In heart you work deceit
and upon the earth you
cast conceit.

There are those who
come from the womb,
yet astray they walk
into the tomb.

Their spit like the adder's,
their reach like the cobra's.

How can they hear the
voice of the charmer?

Break the teeth of the
lion, let the pack flow
with the waters, like
the snail consumed
by the torrent.

Like a still birth in
the night and with the
power of a whirlwind,
all growth is cast aside.

Watch the waters turn
red and let those who
wish bathe, but have
none of it, lest blood
stain your mane.

Canción 58

La Prueba

¿Hablas
con orgullo?

¿Intentas con
almas piadosas?

En el corazón trabajas el engaño
y sobre la tierra
arrojas desdén.

Hay quienes
salen del vientre,
pero andan errantes
hasta la tumba.

Su saliva como la de la serpiente,
su alcance como el de la cobra.

¿Cómo pueden escuchar la
voz del embaucador?

Rompe los dientes del león,
deja que la manada fluya
con las aguas, como el caracol
consumido
por el torrente.

Como un parto en
la noche y con el poder
de un torbellino, todo crecimiento
queda descartado.

Mira cómo las aguas se vuelven
rojas y deja que quienes deseen
se bañen, pero no te involucres,
para que tu melena
no se manche de sangre.

Song 59

Prayer for Deliverance

Deliver me from those who
wish me harm; defend me,
for they rise up against me.

Deliver me from their
iniquity and rescue me
from this flow of blood.

They wait for me to
retreat into my soul.

They prepare, not for
my fault but for the quest.

Hear me, awake the power
within me to guard against
those who go around the
city like wild dogs.

They belch out fire
from their mouths.

Their lips are swords
against the cloth we wear.
But I will wait for You;
my strength, my defense.

Shine your kindness upon
me; let me flee while
they scatter upon the seas.

By their vice they fall
victim to their pride and
in want they are consumed
by their own might.

In the evening they return,
making noises like wild dogs.

Canción 59

Oración de Salvación

Líbrame de aquellos que
me desean mal; defiéndeme,
pues ellos se levantan contra mí.

Libérame de su
iniquidad y rescátame
de esta corriente de sangre.

Ellos esperan que
me retire hacia mi alma.

Se preparan, no por
mi culpa sino por la búsqueda.

Escúchame, despierta el poder
dentro de mí para guardarme contra
aquellos que van por la
ciudad como perros salvajes.

Ellos escupen fuego
de sus bocas.

Sus labios son espadas
contra la tela que llevamos.
Pero yo esperaré por Ti;
mi fuerza, mi defensa.

Ilumina tu bondad sobre
mí; déjame huir mientras
ellos se dispersan sobre los mares.

Por su maldad caen
víctimas de su orgullo y
en la necesidad son consumidos
por su propia fuerza.

En la tarde regresan,
haciendo ruido como perros salvajes.

They wander up and down
for meat and are discontent.

But I will sing of
your power, for your
love is my defense in
my weakened hour.

You, I will praise
and claim all the
days of my life.

Van de aquí para allá
en busca de carne, nunca satisfechos.

Pero yo cantaré
tu poder, porque tu
amor es mi defensa en
mi hora débil.

A Ti, Te alabaré
y reclamaré todos los
días de mi vida.

Song 60

An Appeal

Why have we become
scattered, cast aside?

The earth trembles;
the ground is broken.

Now, we drink the
wine of our deeds.

They who love You are
rescued by the truth.

This land is yours,
from the desert to
the mount on high.

Lead us to the place, away
from those who wish us harm.

With You by our side, no
harm will come our way.

Canción 60

Apelación

¿Por qué nos hemos
dispersado, dejados de lado?

La tierra tiembla;
el suelo está roto.

Ahora, bebemos el
vino de nuestras acciones.

Los que te aman son
rescatados por la verdad.

Esta tierra es tuya,
desde el desierto hasta
la montaña en lo alto.

Guíanos al lugar, lejos
de aquellos que desean hacernos daño.

Contigo a nuestro lado, no
habrá nada que nos haga daño.

Song 61

Prayer of Earnest Hope

Hear my prayer,
I call from the
depths of the earth.

Overwhelmed, my
heart cannot soar up
towards the mount on high.

You are my shelter,
my tower from my enemy.

I tarry in this place;
for I trust in the
escape upon your wings.

You hear my vow and
give me wisdom:
This place is merely
a frame, its wings within.

My life is prolonged,
and I will see many
kindred come and go.

I shall abide in You
forever and in me
truth shall reside.

I shall praise your
love that my vow
shall soar like the dove.

Canción 61

Oración de Ferviente Esperanza

Escucha mi oración,
llamo desde las
profundidades de la tierra.

Abrumado, mi
corazón no puede volar
hacia las montañas en lo alto.

Tú eres mi refugio,
mi torre frente a mi enemigo.

Me quedo en este lugar;
pues confío en la
huída sobre tus alas.

Tú escuchas mi voto y
me das sabiduría:
este lugar es sólo
un marco, sus alas dentro.

Mi vida se alarga,
y veré a muchos
parientes ir y venir.

Me quedaré contigo
por siempre y en mí
la verdad residirá.

Te alabaré por tu amor,
que mi voto remontará
como el vuelo de una paloma.

Song 62

Confident Trust

From You my
sustenance comes
and so my soul waits.

I will not waver
mounted upon this rock.

They who do mischief are
like the eastern winds
that race across the land.

They gather to cast me
down and belie to take my crown.

They bless with their
mouths but their
souls curse the seed.

My soul awaits You,
my rock, my defense;
I will not waver.
Come rescue me.

I trust in You and
call upon your love.

Vanity is the sickness
of the weak; they seek
coin for their health.

All is transitory:
Set your heart upon the
omnipresent; the love
you feel is the stay
and according to your
work the pay.

Canción 62

Confianza Segura

De Ti viene mi
sustento
y así mi alma espera.

No seré inestable
montado sobre esta roca.

Ellos que hacen el mal son
como los vientos del este
que corren a través de la tierra.

Se reúnen para derribarme y mentir
con el fin de quitarme mi corona.

Bendicen con sus
bocas, pero su alma
maldice la semilla.

Mi alma Te espera,
mi roca, mi defensa;
no seré inestable.
Ven a rescatarme.

Confío en Ti e
invoco tu amor.

La vanidad es la enfermedad
de los débiles; buscan
moneda para su salud.

Todo es pasajero:
Fija tu corazón en lo
omnipresente; el amor
que sientes es el sostén
y según tu trabajo
recibes el pago.

Song 63

Desire for Love

You are my love.

You are the quench for my
thirst; my soul revives
in this dreary land.

I know your power and
glory are here upon
this holy ground.

Your lovingkindness is
greater than life itself
and this my soul craves.

In this earthly life
I will praise and glorify
your love, yet my soul
will continue with grace.

Daily I sing praise to
You and in the shadow of
your light I rejoice.

I follow your laws and
You uphold my faith.

They who seek my soul
are scattered in the wind.

All who live by your love
rejoice and they who
curse disperse.

Canción 63

Deseo de Amor

Eres mi amor.

Eres calma para mi
sed; mi alma revive
en este triste país.

Sé que tu poder y
gloria están aquí en
este sagrado suelo.

Tu bondad es
más grande que la vida misma
y esto es lo que mi alma anhela.

En esta vida terrenal
Te alabaré y glorificaré
tu amor, aunque mi alma
seguirá con gracia.

A diario Te canto alabanzas
y en la sombra de
tu luz me regocijo.

Sigo tus leyes y
Tú sostienes mi fe.

Los que buscan mi alma
son dispersados en el viento.

Todos los que viven por tu amor
se regocijan y los que
maldicen se dispersan.

Song 64

Preservation

Contain my enemy,
and bind me to your love.

From deceit and
trickery shield me this day.

Deflect the sharpness
of malicious tongues
that my soul shall
not be pierced by conceit.

In commune they lay snares
for their prey and in
diligence they complete
their mortal task.

But You intercede
and crush the arrows
of their spite.

Their tongues grow
silent and their
flesh bleeds.

They flee,
but I remain
most content.

In You I trust and
in my heart I
glorify your light.

Canción 64

Conservación

Contén a mi enemigo,
y únete a mí con tu amor.

Protégeme hoy de las artimañas
y el engaño.

Desvía la agudeza
de lenguas maliciosas
para que mi alma no sea atravesada
por la soberbia.

En común ponen trampas
para su presa y con
diligencia completan
su tarea mortal.

Peró Tú intercedes
y aplastas las flechas
de su odio.

Sus lenguas se vuelven
mudas y su
carne sangra.

Ellos huyen,
pero yo me quedo
más que contento.

En Ti confío y
en mi corazón
alabo tu luz.

Song 65

Praise for Blessings

We praise You,
for on holy ground we
perform your vow.

Though iniquity prevails
against us, we shall not fail.

Blessed are they who follow
your ways, that they may
dwell in your love.

To the ends of the earth
and upon the seas, your
goodness stretches forth.

We gird ourselves
with your strength
and watch the waves
calmed by your breath.

We who live on high
view the coming of the
morning sun and rejoice.

Your favor shines upon
the land and with the rain
comes a multitude of crops.

The rivers and springs
flow abundantly and our
path is lined with piety.

The pastures are clothed in
emerald moss and valleys
overflow with crops.

We sing with glee and
bless You for our keep.

Canción 65

Oración por Bendiciones

Te alabamos,
realizamos una promesa
en una tierra santa.

A pesar de que la iniquidad prevalece
contra nosotros, no nos rendimos.

Bienaventurados los que siguen
tus caminos, porque
habitan en tu amor.

Hasta los límites de la tierra
y sobre los mares, tu
bondad se extiende.

Nos ceñimos
con tu fuerza
y vemos cómo las olas
se calman con tu aliento.

Nosotros, que vivimos en lo alto,
vemos la llegada del sol de la
mañana y nos alegramos.

Tu favor brilla sobre
la tierra y con la lluvia
viene una abundancia de cosechas.

Los ríos y manantiales
fluyen abundantemente y nuestro
camino está lleno de piedad.

Los pastos están vestidos
de musgo esmeralda y los valles
rebosan de cosechas.

Cantamos con alegría y
Te bendecimos por nuestro cuidado.

Song 66

Praise and Thanksgiving

We sing praises of
joy for our keep.

Though there are those who
choose to do harm, your
power is our arm.

All the universe
sings in one accord.

We of the land have
seen the power: The
sea is dry, where
once waters flowed.

Your power rules
all and the rebels
can no longer
rise above the pall.

We bless You with our praise:
Hear us in the land of joy,
where our souls flourish
in this our holy lot.

We have sampled life, like
silver heated for a vessel,
when out at sea is caught by
its own fatigue and so we
wade immersed to our loins.

Through fire and water we
have toiled; yet in this
soil, we find our solace.

For in this place we
call our own is your
grace and in it we
will praise your love.

Canción 66

Alabanza y Acción de Gracias

Cantamos alabanzas de
alegría por nuestro regalo.

Aunque hay aquellos que
eligen hacer daño, tu
poder es nuestro brazo.

Todo el universo
canta en sintonía.

Nosotros de la tierra hemos
visto el poder: El
mar está seco, donde
una vez fluían aguas.

Tu poder rige
todo y los rebeldes
ya no pueden
elevarse por encima de la penumbra.

Te bendecimos con nuestras alabanzas:
Escúchanos en la tierra de la alegría,
donde nuestras almas florecen
en este nuestro santo lugar.

Hemos probado la vida, como
plata calentada para un recipiente,
cuando en el mar se atrapa por
su propia fatiga y así nosotros vadeamos
sumergidos hasta nuestros lomos.

A través del fuego y el agua hemos
trabajado; sin embargo, en esta
tierra, encontramos nuestro consuelo.

Porque en este lugar que
llamamos nuestro está tu
bondad y en el Te
alabaremos con amor.

I offer You my vow of love,
and my sacrifice is time away
from those I also love.

Before the masses I
declare the grace You
have shed upon my soul.

I cried and exalted You
with my tongue; how can
I do wrong, immersed
in your love?

You heard my prayer and
blessed me with fervent love.

Te ofrezco mi voto de amor,
y mi sacrificio es tiempo lejos
de aquellos a quienes también amo.

Ante la multitud declaro
la gracia que Tú
has derramado sobre mi alma.

Grité y Te alabé
con mi lengua; ¿cómo puedo
hacer algo malo, lleno
de tu amor?

Tú escuchaste mi oración y me has
bendecido con un ferviente amor.

Song 67

Sing with Joy and Praise

Be kind toward us and
bless us with your light.

May your light shine
upon the earth and
heal all the nations
in our sight.

Nations, sing with
joy and praise:
Look upon the
earth filled
with love.

We bless the
earth's yield;
we increase the
praise that we
may bless You
for all eternity.

Canción 67

Cantar con Alegría y Júbilo

Se amable a favor nuestro
y bendícenos con tu luz.

Que tu luz brille
sobre la tierra y
sanen todas las naciones
a nuestra vista.

Pueblos, canten con
alegría y alabanza:
Mirad la
tierra llena
de amor.

Bendecimos la cosecha
de la tierra;
aumentamos el
elogio para que te
bendigamos
por toda la eternidad.

Song 68

Victorious

Arise: The enemies
are scattered and
they who hate see
not what they create.

Smoke is cleared by
the wind and so too
are they who fade
in their vile ways.

Let them see the joy
of opposite ways.

Goodness

We sing and praise You
who rules the galaxies.

You are the source
and know us all.

Holy is the place where
we reside free of chains.

History

When You spoke to them
as they walked through
the marsh, the earth shook
and the heavens fell; You
blessed them with rain.

While they stayed and prayed,
others trampled the land.

Canción 68

Victorioso

¡Levántate! Los enemigos
están dispersos y
aquellos que odian no ven
lo que ellos generan.

El humo es disipado
por el viento y también
ellos que desaparecen
en sus malvados caminos.

Que ellos vean la alegría
de los caminos opuestos.

Bondad

Cantamos y Te alabamos, Tú
que gobiernas las galaxias.

Tú eres la fuente
y nos conoces a todos.

Santo es el lugar donde
residimos libres de cadenas.

Historia

Cuando les hablaste
mientras caminaban
por el pantano, la tierra tembló
y los cielos cayeron; los
bendijiste con lluvia.

Mientras ellos se quedaron y oraron,
otros pisotearon la tierra.

The blessing came to
those at peace, and with
your grace, they flew
on wings of the dove.

In the land white as
snow, the elect traversed
and on the hill on high
You chose to dwell.

The chariots were twenty
thousand, and with them
celestial entities; You
were with them as on high.

You led them
out of captivity and they
were blessed, for they
realized the gravity of
what was left.

Sustenance

Blessed are You who
give us daily bread,
this our sustenance.

To You belong the
living and the dead.

Upon those who oppressed
confusion fell while out of
the depths of the sea we came
who praise your love.

Praise Celebrated

We have seen the
blessings of love.

The singers stand before
You and the trumpets sound.

La bendición llegó
a aquellos en paz, y con
tu gracia, volaron
sobre alas de paloma.

En la tierra blanca como
la nieve, los elegidos caminaron
y en la colina más alta
Tú escogiste morar.

Los carros eran veinte
mil, y con ellas
entidades celestiales;
estabas con ellos en lo alto.

Los llevaste
fuera del cautiverio y fueron
bendecidos, pues comprendieron
la gravedad de
lo que se había dejado atrás.

Sustento

Bendito seas Tú
que nos das pan a diario,
nuestro sustento.

A Ti pertenecen
los vivos y los muertos.

Sobre aquellos que oprimieron
cayó confusión mientras del
fondo del mar venimos
quienes alaban tu amor.

Celebración y Alabanza

Hemos visto las
bendiciones del amor.

Los cantantes se presentan ante
Ti y las trompetas suenan.

We bless You and the
source from which our
strength spews forth.

Into the city flow gifts of
praise in silver and gold.

The masses stretch upon
the land and sing You praise.

In the heavens and
below a voice is heard;
the lands and clouds are
strengthened by love.

In this holy place You
reside and your strength
and power are found within.

Te bendecimos y
la fuente de donde
nuestra fuerza fluye.

En la ciudad fluyen dones de
alabanza en plata y oro.

Las muchedumbres se extienden sobre
la tierra y cantan alabanzas.

En los cielos y en la tierra se
escucha una voz;
las tierras y las nubes son
fortalecidas por el amor.

En este lugar sagrado Tú
resides y Tu fuerza y poder
se encuentran dentro.

Song 69

A Prayer for Deliverance

Keep my soul, for
I am overwhelmed
by the flow.

I stand in deep mire,
where floods overpower me.

I am weary, for now
my eyes and throat
are dry, not a tear
left while I wait.

There are those who
annoy me, who
would rejoice in my
being destroyed.

You know me; my folly
and vice are before You.

Let them tire in their
wait for me; bring me out
of my shame for my sake.

I have claimed You, and they
in return have reproached me.

Even to my kin
I am a stranger.

I wept and fasted, and
girded myself against
those who wish me dead.

To You my prayer is
honorable and your
kindness is the fire
that lights my existence.

Canción 69

Oración por Liberación

Mantén mi alma, porque
estoy abrumado
por el flujo.

Me encuentro en una profunda ciénaga,
donde las inundaciones me superan.

Estoy cansado, pues ahora
mis ojos y garganta
están secos, no hay lágrimas
mientras espero.

Hay quienes
me molestan, quienes
se alegrarían de mi
destrucción.

Tú me conoces; mi necedad
y pecado están ante Ti.

Que se cansen en su
espera por mí; rescátame
de mi vergüenza por mi bien.

Te he reclamado y ellos
a cambio me han reprendido.

Incluso para mis parientes
soy un extraño.

Lloré y ayuné, y me
ceñí contra
aquellos que desean mi muerte.

A Ti mi oración es
honorable y tu
bondad es el fuego
que ilumina mi existencia.

Do not let the flood
surpass me; do not let
the pit of shame encase me.

Hear me, for your
lovingkindness is
great and plentiful
as your grace.

Do not hide from me
in my weary state;
draw near and redeem
my soul from my vice
and those who hold me
to their device.

My shame and dishonor
are before You as are
my adversities.

My heart is broken and
full of woe; nowhere is
there comfort from my foe.

They gave me gall to eat
and vinegar to drink.

Let their hearts be
transformed, let them
see the folly of their
craft, let them see the
effect of wanton wrath.

Show them compassion
as is your quintessence.

Turn all iniquity into
propriety; let goodness blot
out all wounds that may be
marked in the womb of life.

I am weak, full of sorrow,
let your sustenance set
me free up on high.

No dejes que la inundación
me sobrepase; no dejes que
la fosa de la vergüenza me encierre.

Escúchame, pues tu
amor leal es grande
y abundante
como tu gracia.

No Te ocultes de mí
en mi estado de fatiga;
acércate y rescata
mi alma de mi vicio
y de aquellos que me tienen
en su poder.

Mi vergüenza y deshonor
están ante Ti, así como
mis adversidades.

Mi corazón está roto y
lleno de aflicción; no hay
consuelo de mi enemigo.

Me dieron ajenjo para comer
y vinagre para beber.

Que sus corazones sean
transformados, que vean
la necedad de sus
obras, que vean el
efecto de su ira imprudente.

Muéstrales compasión
como es tu esencia.

Vuelve toda iniquidad en
propiedad; que la bondad borre
todas las heridas que puedan
estar marcadas en el vientre de la vida.

Estoy débil, lleno de tristeza,
que tu provisión me
libere.

I praise You and magnify
You within my soul.

Let the blind see
the path; let the
deaf hear the pith.

The universe is one
and all praise the
lifeforce from
our eternal womb.

The land is inherited
by the seed of those
who love, for upon
their soul is written
the law that unites us
all, seals us to our fate.

Te alabo y Te magnifico
en mi alma.

Que los ciegos vean
el camino; que los
sordos escuchen el murmullo.

El universo es uno
y todos alaban la
fuerza vital de
nuestro eterno vientre.

La tierra es heredada
por la semilla de aquellos
que aman, pues en
su alma está escrita
la ley que nos une a todos,
y nos sella a nuestro destino.

Song 70

For Speedy Help

Come quickly and lift
me up out of this sty.

Let them who seek
my soul be confused;
let their search end;
let them be bemused.

Let them who seek
You rejoice; let us be
sustained, as we
magnify your love.

Weary and needy
I am; come quickly
and lift me up.

Canción 70

Ayuda Rápida

Ven a mí y levántame
de este lodazal.

Que aquellos que buscan
mi alma queden confundidos;
que su búsqueda termine;
que queden desconcertados.

Que aquellos que Te buscan
se alegren; que seamos
sostenidos, mientras
magnificamos tu amor.

Cansado y necesitado
estoy; ¡ven rápidamente
y levántame!

Song 71

A Prayer in Old Age

Let me not be confused,
for You I trust.

Lift me up; help
me to escape this day.

Be my comfort where
I reside; let your
law guide me, for
You are my rock.

Deliver me from
myself, the vile,
and the cruel.

You are my hope,
my trust in life.

By your grace, I
came from the womb,
resurrected from the
ash of the earth; my
praise is everlasting.

Many I amaze, but You
are the spring of my soul
and know my very core.

My mouth is filled with
praise for your greatness
throughout the day.

Do not cast me off at
an old age nor in poor
health forsake me.

There are those who
speak against me and
wait for my soul.

Canción 71

Oración en la Vejez

No me dejes confundido,
por Ti yo confío.

Levántame; ayúdame
a escapar de este día.

Sé mi consuelo donde
resido; que tu
ley me guíe, pues
Tú eres mi roca.

Líbrame de
mí mismo, el vil
y el cruel.

Tú eres mi esperanza,
mi fe en la vida.

Por tu gracia,
vine del vientre,
resucitado de las
cenizas de la tierra; mi
alabanza es eterna.

Muchos me asombran, pero Tú
eres la fuente de mi alma
y conoces mi interior.

Mi boca está llena
de alabanzas por tu grandeza
todo el día.

No me rechaces en mi
vejez ni me abandones
en mi enfermedad.

Hay quienes hablan
en mi contra y
esperan mi alma.

Stay near; deliver
me; come to my aid.

Let those who prey
upon souls be consumed
by the fiery coals.

My hope is eternal,
my praise profound.

My tongue speaks the truth;
redemption abounds.

I find refuge in your
strength; this I relay.

In my youth I found You
and in old age I still
proclaim your works.

Now, I am old and
gray; do not forget
me; let me teach your
power to those to come.

Your wisdom enkindles
as the sun toils the soil.

You have showed me great
wonders as You brought me up
from the bowels of the earth.

Comfort me; increase
my protection, east,
west, south, and north.

I praise You in daily
prayer, poetry, and song.

My lips and soul sing in
harmony, for You are the
redemption of my soul.

Quédate cerca; líbrame;
ven a mi auxilio.

Que los que devoran
almas sean consumidos
por las brasas encendidas.

Mi esperanza es eterna,
mi alabanza profunda.

Mi lengua habla la verdad;
la redención abunda.

Encuentro refugio en tu
fuerza; en ello confío.

En mi juventud Te encontré
y en mi vejez todavía
proclamo tus obras.

Ahora, soy viejo y
canoso; no me olvides;
permíteme enseñar tu
poder a quienes vengan.

Tu sabiduría permea
como el sol invade la tierra.

Me has mostrado grandes
maravillas al sacarme
de las entrañas de la tierra.

Consuélame; haz que crezca
mi protección, este, oeste,
sur y norte.

Te alabo en oraciones
diarias, poesía y canción.

Mi lengua y alma cantan
en armonía, pues Tú eres
la redención de mi alma.

My tongue speaks of
your greatness that
your wisdom shall
touch all souls.

Mi boca habla de
tu grandeza para
que tu sabiduría
toque toda alma.

Song 72

Wise Leaders

Give our leaders your wisdom,
and the offspring the same.

May the rule be one of
compassion and sage.

Vast is the land, and in
nature peace shall be found.

May the needy be helped;
oppressors turned away.

We praise You endlessly like
the moon and the sun endure
the coming of the day.

You descend and rain
upon the land.

May the wise with compassion
in their hearts flourish in
this state and may peace
endure the abundant moons.

World Dominion

Dominion encompasses the ends
of the earth, from sea to sea,
from mountain to the streams.

In the waste we find our
force and for sustenance we
will eat dust turned to grain.

We offer gifts of thanks
and serve the nation of one.

Canción 72

Líderes Sabios

Dales a nuestros líderes tu sabiduría,
y a la descendencia también.

Que la regla sea de
compasión y sabiduría.

Vasto es el territorio, y en
la naturaleza encontrarás paz.

Que los necesitados sean ayudados;
y los opresores alejados.

Te alabamos incesantemente como
la luna y el sol resisten
la llegada del día.

Tú desciendes y llueves
sobre la tierra.

Que los sabios con compasión
en sus corazones florezcan en
este lugar y que la paz
dure abundantes lunas.

Dominio Mundial

Dominio abarca los confines
de la tierra, desde el mar hasta el mar,
desde la montaña hasta los arroyos.

En la desolación encontramos nuestra
fuerza y para sustento comeremos
polvo convertido en grano.

Ofrecemos regalos de agradecimiento
y servimos a la nación de uno.

The Grace

The needy are delivered,
the poor in soul.

All redeemed from deceit,
the violence will desist;
the simple shall persist.

Prosperity and Honor

Everlasting is your lead;
to You we offer praise.

Upon the mount is a cornucopia
of fruit and in the valley
wheat colors the land
a golden hue.

A Memory

Your presence is forever
as the universe, grand in
scope and in the light
we are blessed as in the
dominion, a nation of one.

Closing

Blessed be in the countryside,
as in the municipality, old
and new all as one.

Wondrous are your deeds
and glorious the fruit of
the earth, now and for
evermore. Amen.

Gracia

Los necesitados son liberados,
los pobres de alma.

Todos redimidos del engaño,
la violencia cesará;
los sencillos perdurarán.

Prosperidad y Honor

Eterno es tu liderazgo;
a Ti, Te ofrecemos alabanza.

Sobre la montaña hay abundancia
de frutas y en el valle
el trigo colorea la tierra
con tonos dorados.

Memoria

Tu presencia es para siempre
como el universo, grandioso en
alcance y en la luz
estamos bendecidos en el
dominio, una nación de uno.

Cierre

Bendito sea en el campo,
como en el municipio, viejo
y nuevo todo como uno.

Maravillosas son tus obras
y glorioso el fruto de
la tierra, ahora y para
siempre. Amén.

Book 3

Song 73

Prosperity of the Lost

Truly You are good
to all.

But my feet were loose on
the ground, my steps unsure.

I envied folly and
those rich in coin.

No one to join the advance,
their stand was firm.

No trouble nor plague
befell their quest.

Draped in pride, they pursued
cruelty; strong as the color
red, their wishes were held
close to their heart.

They defiled wisdom, spoke
against oppression, yet
dazzled all with deception.

With tongues against the
universe, they walked upon
the earth, lulling masses
seduced by false artistry.

They asked: Is there any other
wisdom in all eternity?

How do they prosper; their
coin doubled in a day?

Have I cleansed my
heart in vain?

Libro 3

Canción 73

Prosperidad de los Perdidos

Verdaderamente Tú eres bueno
con todos.

Pero mis pies estaban sueltos en
el suelo, mis pasos inseguros.

Envidié a la necedad y
a aquellos ricos en monedas.

Nadie para unirse a la avanzada,
su postura era firme.

Ningún problema ni plagas
asolaron su búsqueda.

Envuelto en orgullo, persiguieron
la crueldad; fuertes como el color
rojo, sus deseos estaban cerca
de su corazón.

Profanaron la sabiduría, hablaron
contra la opresión, sin embargo
impresionaron a todos con engaño.

Con lenguas contra el
universo, anduvieron por
la tierra, meciendo a muchedumbres
seducidas por las malas obras.

Preguntaron: ¿Hay alguna otra
sabiduría en toda la eternidad?

¿Cómo prosperan; su
moneda se duplicó en un día?

¿He limpiado en vano mi
corazón?

Day in and out I feel
plagued, restrained;
I wish to speak but
know it will offend.

Inside my sanctuary
You are present and
I understand their aim.

Slippery is their slate
and quick their fate.

In a flash they
are consumed; the
terror ablaze.

As in a dream,
the image changes
before my eyes.

I was fooled and grieved,
ignorant as the beast.

You are with me
now and for evermore,
your Spirit upon my head.

Guide me with the light
of wisdom that even
within the flame I shall
escape the same.

No other but You do
I desire on earth or
in everlasting life.

My body and heart
fail me but You are
the pillar of my soul.

What will become of
those whose flesh
disowns the soul?

Día tras día me siento
aplastado, contenido;
deseo hablar pero
sé que ofenderé.

Dentro de mi santuario
Tú estás presente y
entiendo el objetivo de ellos.

Resbaladiza es su lámina
y rápido su destino.

En un abrir y cerrar de ojos
son consumidos; el
terror arde.

Como en un sueño,
la imagen cambia
ante mis ojos.

Me engañaron y afligieron,
ignorante como la bestia.

Tú estás conmigo
ahora y para siempre,
Tu Espíritu sobre mi cabeza.

Guíame con la luz
de la sabiduría para que incluso
dentro de la llama
pueda escapar.

No deseo a nadie más que
a Ti en la tierra o
en la vida eterna.

Mi cuerpo y corazón
me fallan pero Tú eres
el pilar de mi alma.

¿Qué será de aquellos
cuyas carnes
desconocen el alma?

Draw near; in You I
place my trust; to You,
I declare my ardent loyalty.

Acércate; en Ti pongo
mi confianza; a Ti,
declaro mi ardiente lealtad.

Song 74

Sorrow over Devastation

Our homes burnt,
in the blaze we
feel cast aside.

Hear us: Rescue us
at this time of age;
redeem us on the mount.

Descend upon this
wasteland, the sacred
sanctuary defiled.

We are among the lost,
and wait for our claim.

Now we work by
strife; the virtues
of the past forgot.

Fire reigns; the sanctuary,
rent; defiled, the walls
crash to the ground.

In unison there are
cries: Let those who
destroy be destroyed.

Now, not a sanctuary
stands nor is there
a prophet to be found.

How long must this rout
prevail? How long must
we endure this pain?

Extend your wind and
rain upon the earth,
for once the sea was
divided out of love.

Canción 74

Dolor por la Devastación

Nuestras casas quemadas,
en la llama nos sentimos
descartados.

Escúchanos: Rescátanos
en este tiempo;
redímenos en el monte.

Desciende sobre esta
tierra baldía, el sagrado
santuario profanado.

Estamos entre los perdidos
y esperamos nuestra reclamación.

Ahora trabajamos con
aflicción; las virtudes
del pasado olvidadas.

El fuego reina; el santuario,
rentado; profanado, las paredes
caen al suelo.

En unísono hay
gritos: Que los que
destruyen sean destruidos.

Ahora, no hay un santuario
en pie, ni se puede encontrar
un profeta.

¿Cuánto tiempo debe prevalecer
esta derrota? ¿Cuánto tiempo debemos
soportar este dolor?

Extiende tu viento y
lluvia sobre la tierra,
porque una vez el mar fue
dividido por amor.

Dragons lay slain in
the waters and the
leviathan with head
severed became our
food to our dismay.

Mountains torn apart,
rivers dry as clay, the
sun and moon above as day
and night await your hold.

From land to sea your light
shone yet even still
roamed the lost.

Hear the folly of such
disbelief; they continue
their reproach, profane
your love; how long
before the calm?

Like turtle doves,
let us soar above
the lost on dark ground
as upon the sea in the ark.

Let the covenant seal our
fate; let it drown out our
wails; quickly, let us end
what fails in this state.

Dragones muertos en
las aguas y leviatán
con la cabeza cortada fue
nuestra comida
a nuestro pesar.

Montañas desgarradas,
ríos secos como arcilla, el
sol y la luna arriba como día
y la noche esperan tu control.

De la tierra al mar tu luz
brilló aún todavía
rondaban los perdidos.

Escucha la necedad de quienes
no creen; continúan
su reproche, profanan
tu amor; ¿cuánto tiempo
antes de la calma?

Como palomas tórtolas,
dejémosnos elevar por encima
de los perdidos en la oscuridad
como sobre el mar en el arca.

Deja que el pacto selle nuestro
destino; que ahogue nuestros
gritos; rápido, acabemos
con lo que falla en esta situación.

Song 75

A Thanksgiving

By your love we
know You are near
and so we give You thanks.

In the communion of others
I grow to learn your mind.

Though the earth and all
living be no longer here,
You are the womb of the
universe and hold the
source of all life.

Be not foolish: The
lost have embraced
the craft of war.

Do not rise up; do
not speak with malice.

The advance comes not
from the east, nor from
the west, nor from the
south, nor from the north.

The dominion is bound; with
a flash one is risen and by
wind another is brought down.

The cup of life is red
with wine; the mixture
potent, spread upon the
dregs of strife.

We declare your power and
sing praise as it resonates
the infinite celestial plane.

Canción 75

Día de Acción de Gracias

Por tu amor sabemos
que estás cerca
y por eso Te damos gracias.

En la comunión de otros
crezco para aprender tu mente.

A pesar de que la tierra y
toda vida ya no estén aquí,
Tú eres la matriz del
universo y contienes la
fuente de toda vida.

No seamos necios: Los
perdidos han abrazado
la astucia de la guerra.

No te levantes,
no hables con malicia.

El avance no viene
del este, ni del
oeste, ni del
sur, ni del norte.

El dominio está limitado;
con un destello uno se levanta
y por el viento otro cae.

La copa de la vida está
roja con el vino; la mezcla
potente, se extiende sobre
los residuos de la lucha.

Declaramos tu poder y
cantamos alabanzas mientras resonan
en el plano celestial infinito.

We are marked for
life, and are happy
to be among the loved.

Estamos marcados para
siempre y estamos felices
de estar entre los amados.

Song 76

Eternal Power

You are The
One and Only
and in our
souls You reside.

With arrows,
shields and
swords broken,
the battle
is no more.

Glorious
and powerful
is your love.

The brave are content;
they sleep their dream
at night: No force can come
close to your powerful might.

By your force,
all devices
and weapons
are cast aside.

The wind rages
cold, the earth
and sky tremble;
then in an instant
the universe is calm.

Silence descends
upon the earth,
where once wrath
raged, now prayer
echoes. All chambers
in the universe wake.

Canción 76

Poder Eterno

Eres El
Único e Incomparable
y en nuestras
almas Tú habitas.

Con flechas,
escudos y
espadas rotas,
la batalla
terminó.

Glorioso
y poderoso
es tu amor.

Los valientes contentos
dormirán sus sueños
de noche: Ninguna fuerza
comparada con tu poder.

Por tu fuerza,
todos los artilugios
y armas
se vuelven inútiles.

El viento frío
azota, la tierra
y cielo tiemblan;
luego de un instante
el universo se calma.

El silencio desciende
sobre la tierra,
donde antes había
ira, ahora se oyen
oraciones. Todas las
cámaras del universo despiertan.

Before You we vow
allegiance, one
and all the same.

Ante Ti nosotros prometemos
lealtad, todos
al unísono.

Song 77

Distressed Faith Assured

I cried out in trouble
and You heard my voice.

Overwhelmed, I remembered
You and claimed my faith.

My eyes were sore
as was my tongue—
I could not speak.

The days of old came
to me like a song in
the night; I communed
with time, my heart
and soul diligent in
my hopeful search.

Will we be cast off?
Does compassion
come to an end?

Has your promise of
grace run its course?

Am I to remain in light
captured by the dark?

I recall the wonders of old,
the deeds and the speech.

You are mighty; the
sanctuary secure;
redeem us as the
sky and the earth.

The depths of the
sea know your power;
troubled by the rain
the sky lit up, arrows
falling to the ground.

Canción 77

Asegurada Fe Angustiada

Grité en angustia
y Tú escuchaste mi voz.

Abrumado, me acordé
de Ti y clamé por fe.

Mis ojos estaban cansados
así como mi lengua—
no pude hablar.

Los días de antaño
me llegaron como una canción
en la noche; me reuní
con el tiempo, mi corazón
y alma diligentes en
mi busca esperanzada.

¿Será que seremos desechados?
¿Acaso la compasión
ha llegado a su fin?

¿Se ha terminado tu
promesa de gracia?

¿Voy a quedarme atrapado en la luz
capturado por la oscuridad?

Recuerdo los milagros de antaño,
las obras y los discursos.

Tú eres poderoso; el
santuario es seguro;
redímenos como el
cielo y la tierra.

Las profundidades del
mar conocen tu poder;
turbado por la lluvia
el cielo se iluminó, las flechas
cayeron en el suelo.

What is that sound which
shakes the foundation
of the ground?

Are we to know the
path upon the sea?

We follow in
the footsteps
of those before
us, those who
found your ground.

¿Qué es ese sonido
que sacude los cimientos
de la tierra?

¿Vamos a conocer el
camino sobre el mar?

Seguimos en
los pasos
de aquellos que
nos precedieron, aquellos que
encontraron tu terreno.

Song 78

Ever Faithful

Hear the wisdom
of the parable
which tells of the old.

We will not hide the truth,
nor suppress the praises due.

A tradition was laid;
the law set, from here
will spring the race.

Generation to generation,
shall declare the truth.

In love the law is
carved upon our soul.

Not stubborn like the old,
those who come with life in
heart will walk in stride.

Disloyalty

Woe upon those of old,
armed with arsenal,
with backs to the law.

How is it that they can
forget the covenant of love?

Recall the wonders of the
land, upon the desert sand.

The sea parted, they
headed through, above,
the cloud their clue.

Canción 78

Siempre Fiel

Escucha la sabiduría
de la parábola
que nos habla de lo antiguo.

No ocultaremos la verdad,
ni rechazaremos los elogios merecidos.

Una tradición fue puesta;
la ley establecida, de aquí
surgirá la raza.

De generación en generación,
declararán la verdad.

En amor, la ley
está grabada en nuestra alma.

No tan tercos como los antiguos,
aquellos que vienen con vida en
el corazón caminarán en sintonía.

Deslealtad

¡Ay de aquellos de antaño,
armados con un arsenal,
de espaldas a la ley!

¿Cómo es que pueden
olvidar el pacto del amor?

Recuerda las maravillas de
la tierra, sobre la arena del desierto.

El mar se abrió, ellos
avanzaron, arriba,
la nube su señal.

At night the fire
kept them warm;
from the rock poured
water from out of the
depths of the earth.

Out of the rock
spewed streams
and rivers flowed
upon the land.

Their Fall

Once free upon the land,
they provoked ire.

With lust in their heart,
they asked for flesh.

Testing your love, they asked:
Can You furnish food
here in this hinterland?

From the rock the waters
gushed and the streams
over flowed, but can You
provide bread for us?

Then in an instant a
fire cast down and the
anger was clear to them.

From the clouds above
fell the bread and they
ate the corn of life.

So too did they
eat of the flesh.

Then upon them raged the
wind from the east and the
south; dust covered the ground
like feathers upon the sea.

En la noche el fuego
los mantenía calientes;
del peñasco brotaba
agua que viene de las
profundidades de la tierra.

Del peñasco brotaron
arroyos y ríos
fluyeron sobre
la tierra.

Su Caída

Una vez libres en la tierra,
provocaron la ira.

Con lujuria en sus corazones,
pidieron carne.

Probando tu amor, preguntaron:
¿Puedes darnos alimento
aquí en este lugar remoto?

De la roca brotaron aguas
y los arroyos se desbordaron,
¿pero Puedes
ofrecernos pan?

Entonces de repente
un fuego descendió y la
ira fue clara para ellos.

Desde las nubes arriba
cayó el pan y comieron
el grano de la vida.

Así también comieron
de la carne.

Luego sobre ellos rugió el
viento desde el este y el
sur; el polvo cubrió la tierra
como plumas sobre el mar.

Upon their camp raged the
wind and flesh became their
meat, desires married in lust.

While in passion made
of want upon them fell
the cast; darkness
draped the land and few
survived nature's wrath.

Iniquity Forgiven

With all wonder lost, some
resorted to their cause.

In vanity the days passed
and trouble beset them
through the years.

Then upon death's door they
recalled your wonders and
sought your power.

Flattery was their way and
with loose tongues they
spoke but to inflame.

Hearts off course, the
covenant not steadfast,
they fell astray.

But You are compassionate;
iniquity forgiven, anger
transformed, the love
remained.

For the flesh is like the day,
or the wind which passes away.

Sobre su campamento rugió el viento
y la carne se volvió su comida,
los deseos se convirtieron en lujuria.

Mientras en la pasión
hecha de anhelo, sobre ellos
cayó el castigo; la oscuridad
envolvió la tierra y pocos
sobrevivieron a la ira de la naturaleza.

Iniquidad Perdonada

Con toda maravilla perdida, algunos
recurrieron a su causa.

En vanidad los días pasaron
y los problemas los afligieron
a través de los años.

Entonces, ante la puerta de la muerte,
recordaron tus maravillas y
buscaron tu poder.

La adulación fue su camino y
con lenguas sueltas
hablaban sólo para inflamar.

Corazones fuera de curso, el
pacto no era firme,
se extraviaron.

Pero tú eres compasivo;
iniquidad perdonada, ira
transformada, el amor
permaneció.

Porque la carne es como el día,
o el viento que pasa.

The Works

In the waste they provoked
You and grieved for life.

Forgotten was the day
of deliverance in the
land of sand and palm.

Rivers turned to blood, the
waters not fit to drink.

Flies and frogs befell
them in the company of
the locusts and the sweat
upon their brow increased.

Hail destroyed the vines,
and frost the sycamore trees.

The fields ran dry;
the flocks were slain
by lightening bolts.

Among them walked the lost
troubled by their lot.

Pestilence paved the way
and death befell the first.

Afraid, they fled deeper
into the waste.

Then led to safety, they
passed the parted sea.

Unfaithfulness

Into the land of the sanctuary
they came and upon the mount
they claimed your love.

Las Obras

En la desolación Te provocaron
y lloraron de por vida.

Olvidado fue el día
de la liberación en la
tierra de arena y palmeras.

Los ríos se volvieron sangre, el
agua no apta para beber.

Moscas y ranas les sucedieron
en la compañía de
las langostas y el sudor
en su frente aumentó.

Granizo destruyó las vides,
y la helada los sicomoros.

Los campos se agotaron;
los rebaños fueron aniquilados
por rayos.

Entre ellos caminaban los perdidos
atormentados por su destino.

La peste allanó el camino
y la muerte les aconteció a los primeros.

Asustados, huyeron más profundo
en la desolación.

Entonces guiados hacia la seguridad,
pasaron el mar dividido.

Infidelidad

En la tierra del santuario
vinieron y sobre la montaña
reclamaron tu amor.

Outside the borders stood the
lost; within the tents dwelled
the tribes; the inheritance
divided by the line.

In senseless want they
lapsed; the tradition
broken by the side.

Upon the holy ground they cast
their graven plot, ignoring
the covenant of old; then
upon them fell their lot.

Relinquished to the foe, the
sword pierced their very soul.

Fire consumed the land;
none who conspired was
spared by the blaze.

The Guide

Out of the wake, You heard
the cries for their sake.

In an instant those who
remained were driven to
the land made plenty.

The tribes now apart,
which carries the
staff of peace?

Upon the holy
ground, sanctuaries
arose and from the
earth came fruit for
the multitudes to come.

This land of old
is holy ground.

Fuera de las fronteras estaba el
perdido; dentro de las tiendas habitaban
las tribus; la herencia
dividida por la línea.

En una necesidad sin sentido
cayeron; la tradición
rota por el lado.

Sobre la tierra santa lanzaron
su intriga tallada, ignorando
el pacto de antaño; entonces
sobre ellos cayó su destino.

Rendido al enemigo, la
espada penetró en su alma.

El fuego consumió la tierra;
ninguno de los conspiradores fue
perdonado por la llama.

La Guía

Del despertar, oíste
los gritos por su causa.

En un instante, aquellos que
permanecieron fueron llevados a
la tierra de abundancia.

Las tribus ahora separadas,
¿quién lleva el
cetro de la paz?

Sobre la tierra santa,
santuarios surgen
y de la tierra vino fruta para
las multitudes
que vendrían.

Esta tierra antigua
es tierra santa.

Song 79

Lament and Prayer

The unbelieving have
trampled your holy
ground; the sanctuary
they defiled.

The bodies have been
given up to the vultures
for meat and the beasts
of prey prowl the earth.

Their blood has washed the
ground; no one who can
consecrate can be found.

They are ridiculed by their
neighbors and scorned
in bitter laughter.

How long shall they
endure? How long till
ire burns their desire?

Shed your light upon the
land and all the domain
from East to West.

They stand defeated;
the sanctuary in ruins.

We too are touched with
iniquity, but bless us with
your compassion and bring us
up from our transgression.

We claim your love;
deliver us and purge
away all iniquity
for our sake.

Canción 79

Lamento y Oración

Los incrédulos han
pisoteado tu santo
suelo; el santuario
lo han profanado.

Los cuerpos han sido
entregados a los buitres
para comer y las bestias
de presa rondan la tierra.

Su sangre ha limpiado el
suelo; nadie que pueda
consagrar se encuentra.

Son ridiculizados por sus
vecinos y escarnecidos
con amarga risa.

¿Cuánto tiempo
aguantarán? ¿Cuánto tiempo pasará
hasta que su deseo se encienda?

Derrama tu luz sobre
la tierra y todo el dominio
desde Oriente hasta Occidente.

Están derrotados;
el santuario en ruinas.

También nosotros estamos tocados con
iniquidad, pero bendícenos con
tu compasión y súbennos
de nuestra transgresión.

Reclamamos tu amor;
líbranos y purifica
toda iniquidad
por nuestro bien.

Why should the unbelieving
see our fate? Our blood
shed for their sake?

Let the light of power come
upon them, that in dying
they shall see their lot
and that in not believing
they shall believe.

Let them know the nature
of the reproach, that in
the light they too shall
sense your approach.

We give You thanks
and praise You
now and for
evermore.

¿Por qué deberían ver los incrédulos
nuestra suerte? ¿Nuestra sangre
derramada por su bien?

Que la luz del poder venga
sobre ellos, que en morir
vean su destino
y que al no creer
crean.

Que sepan la naturaleza
del reproche, que en
la luz también sientan
tu cercanía.

Te damos gracias
y Te alabamos
ahora y para
siempre.

Song 80

Prayer for Sustenance

Hear us who like those before
us walked this land
of old.

Remember those before
us; extend your strength
and come rescue us.

Let the light shine
upon us that we shall
pass this blight.

How long will
You ignore us?

We have no bread to eat
and only tears to drink.

We are beside ourselves and
the unbelieving laugh at us.

Help us that in our state
we might see your light.

Out of the desert we came and
in the garden we were planted.

Like a vine we were laid and
took root throughout the land.

The hills became covered with
the boughs of the cedars.

Then, out of the woods came
the boars that trampled the
vine and we were devoured
as though by wild beasts.

Return the land; restore
the vine of our birth.

Canción 80

Oración por Sustento

Escúcha a aquellos que antes
de nosotros caminaron por estas tierras
antiguas.

Recuerda a aquellos antes
que nosotros; extiende tu fuerza
y ven a rescatarnos.

Deja que la luz brille
sobre nosotros para que
superemos esta calamidad.

¿Cuánto tiempo
nos ignorarás?

No tenemos pan para comer
y sólo lágrimas para beber.

Estamos desesperados y
los incrédulos se ríen de nosotros.

Ayúdanos para que en nuestro estado
podamos ver tu luz.

Salimos del desierto y
fuimos plantados en el jardín.

Como una vid fuimos puestos y
tuvimos raíces por toda la tierra.

Los cerros se cubrieron
con los brazos de los cedros.

Entonces, de los bosques vinieron
los jabalíes que pisotearon la
vid y fuimos devorados
como si fueran bestias salvajes.

Devuelve la tierra; restaura
la vid de nuestro nacimiento.

Here we burn for fire and
perish with our old desire.

Cast your strength
upon those who have
chosen to believe.

Help us return;
shine your light
upon us that our
souls will be
sustained.

Aquí quemamos por fuego y
perecemos con nuestro viejo deseo.

Derrama tu fuerza
sobre aquellos que han
elegido creer.

Ayúdanos a regresar;
ilumina con tu luz
nuestras almas
para que reciban
sustento.

Song 81

A Hymn of Joy

Sing a song to our strength;
together make a joyful sound.

Blow the trumpet on this
feast, in the shadow of
the full moon.

Let stand the law of
the land, for out of the
desert we came, leaving a
language we no longer know.

We were delivered from the
burden and now are free.

In trouble we called and You
delivered us; thunder was your
voice and water the path
of our deliverance.

Hear us and we will
magnify your love.

No stranger before us, we
stand ready to be blessed.

We will not forget:
Once we listened not
and we lived out our
hearts of lust.

There were those who
listened and warned the
others, but it did no good.

Subdued, our foes would have
taken us, but You upheld us
and so from this rock
we now rejoice.

Canción 81

Himno de Alegría

Cantemos una canción a nuestra fuerza;
hagamos un sonido alegre juntos.

Tocad el cuerno en esta
fiesta, a la sombra
de la luna llena.

Establezcamos la ley de
la tierra, porque salimos del
desierto, dejando un
idioma que ya no conocemos.

Fuimos liberados de la
carga y ahora somos libres.

En la angustia clamamos y Tú
nos liberaste; el trueno fue
tu voz y el agua el camino
de nuestra liberación.

Escúchanos y
ensalzaremos tu amor.

No hay extraños entre nosotros, estamos
listos para ser bendecidos.

No olvidaremos:
hubo una vez que no escuchamos
y vivimos según nuestros
corazones de lujuria.

Hubo quienes
escucharon y advirtieron
a los demás, pero no sirvió de nada.

Sometidos, nuestros enemigos nos
habrían tomado, pero Tú nos
sostuviste y ahora desde esta roca
estamos gozosos.

Song 82

Justice

Before all congregations
You stand as the guide.

How long will the unjust
rule and afflict the weak?

Deliver them and out of
darkness let them come.

Upon the foundation of
the earth let us stand.

Arise, let justice
rule the infinite
universe.

Canción 82

Justicia

Ante todas las congregaciones
Tú te mantienes como guía.

¿Cuánto tiempo gobernarán los injustos
y afligirán a los débiles?

Libéralos y de la
oscuridad déjalos salir.

Sobre la fundación de
la tierra, pongámonos de pie.

Levántate, que la justicia
gobierne el universo
infinito.

Song 83

Arise

Keep not silent; let
peace descend upon the land.

The lost ones have taken
up crafty counsel against us.

Our nation they wish to break;
against us they consort.

Our land and others' they
wish to take, our houses
and possessions as dung
for the earth.

A tempest is upon the land;
wheels break with the wind;
fire burns the mountain wood.

Change their hearts; let
them seek your light.

Confounded and troubled they
stand, for they will know
your power here on Earth.

Canción 83

Surgir

No guardes silencio; que
la paz descienda sobre la tierra.

Los perdidos han tomado
astutos consejos contra nosotros.

Nuestra nación quieren dividirse;
en contra nuestra se confabulan.

Nuestra tierra y la de otros
quieren tomar, nuestras casas
y posesiones como estiércol
para la tierra.

Una tempestad sobre la tierra;
las ruedas se rompen con el viento;
el fuego quema la madera de la montaña.

Cambia sus corazones; que
busquen tu luz.

Confundidos y perturbados
siguen, pues conocerán
tu poder aquí en la Tierra.

Song 84

Longing for Peace

Holy are your sanctuaries.

My soul and heart cry out
for your strength.

The sparrow and swallow
have found comfort in
their nests, and I here
in this holy place.

Bless us who dwell in
space; strengthen our hearts
that we may embrace life
beyond the infinite stars.

Let us pass the valley
of death; let rain fill
our empty pools.

Hear our prayer and count
us among the anointed.

Let me guard the door rather
than live in the tent of vice.

Sun and shield, grace
us with your light.

Bless us who trust your
love and desire peace.

Canción 84

Anhelo de Paz

Santos son tus santuarios.

Mi alma y corazón claman
por tu fuerza.

El gorrión y la golondrina
han encontrado consuelo en
sus nidos, y yo aquí
en este lugar sagrado.

Bendícenos que habitamos
el espacio; fortalezca nuestros corazones
para que podamos abrazar la vida
más allá de las estrellas infinitas.

Déjenos pasar el valle
de la muerte; que la lluvia llene
nuestras albercas vacías.

Escucha nuestras oraciones y cuéntanos
entre los ungidos.

Déjame custodiar la puerta en vez
de vivir en la tienda del pecado.

Sol y escudo, nos colmen
con su luz.

Bendícenos que confiamos en tu
amor y deseamos la paz.

Song 85

Grace

You have favored the
land and brought us
out of captivity.

You have forgiven our
iniquity and blotted
out our vice.

Wrath and anger
relinquished, we
are glad in our grace.

Let us not forget
the other path.

Revive us and waken the
compassion in our hearts.

Speak peace; let us not
turn to wanton folly.

Sustenance and glory
dwell in the land;
compassion and truth
are bound for evermore.

May this land yield abundant
grace and in your steps we
walk clothed in faith.

Canción 85

Gracia

Tú has favorecido
la tierra y nos has sacado
de la cautividad.

Tú has perdonado nuestra
maldad y borrado
nuestros pecados.

Rabia y enojo
abandonados,
estamos contentos con tu gracia.

Haz que no olvidemos
el otro camino.

Revívenos y despierta la
compasión en nuestros corazones.

Habla de paz; no volvamos
a la insensatez.

Sustento y gloria
habitan en la tierra;
compasión y verdad
están unidas por siempre.

Que esta tierra produzca abundante
gracia y en tus pasos
caminemos vestidos de fe.

Song 86

A Personal Prayer

Hear me, for
I am in need.

Preserve my soul, for
I try to follow your ways.

Show me your compassion,
for daily I call upon You
for help.

Rejoice, for to You I offer
my soul; You are kind and
inclined to forgive.

Plentiful is your compassion
to those who call upon You.

Listen to my prayer
and note my request.

In trouble I will call
upon You, for I know
You will answer me.

There is no force
or peace greater than
your love and your power
extends all the galaxies.

Let all come in wonder to
glorify your love.

Great feats and wonders
verify your love.

Teach me the way, for I will
walk in truth in praise
of your love.

Canción 86

Una Oración Personal

Escúchame, pues
necesito ayuda.

Guarda mi alma, pues
intento seguir tus caminos.

Muéstrame tu compasión,
pues cada día Te invoco
en busca de ayuda.

Alégrate, pues a Ti ofrezco
mi alma; eres bondadoso y
dispuesto a perdonar.

Plena es tu compasión
para los que Te invocan.

Escucha mi oración
y toma nota de mi petición.

En la prueba Te invocaré,
pues sé que
me responderás.

Ninguna fuerza ni
paz es mayor que
tu amor y tu poder
se extiende entre todas las galaxias.

Que todos vengan en maravilla
para glorificar tu amor.

Grandes hazañas y maravillas
dan muestra de tu amor.

Enséñame el camino, pues andaré
en verdad y alabaré
tu amor.

I praise your wonder with
my whole heart and glorify
everlasting love now for evermore.

Great is the power
of love and compassion
which delivers my soul.

Many have tempted me and I
have walked among the dark.

Let your compassion
wash me and fill me
with grace and truth.

Turn my way and
strengthen me in
my time of need.

Cast your light
upon me, that
surrounded I
may stand in
your serenity.

Alabo tu maravilla con
todo mi corazón y glorifico
el amor eterno ahora y por siempre.

Grande es el poder
del amor y compasión
que libera mi alma.

Muchos me han tentado y he
caminado entre la oscuridad.

Que tu compasión me purifique
y me llene
de gracia y verdad.

Vuelve mi camino y
fortaléceme en
mi tiempo de necesidad.

Derrama tu luz
sobre mí, para que
rodeado
me mantenga
en tu serenidad.

Song 87

Dwelling of Love

From the depths of the
foundation of the
earth to the sky
extends the power
of your love.

No gate or barrier can
resist the force of your
love, for glorious things
happen in its presence.

Dwellings have come and gone,
yet the love remains.

Many have lived and died,
yet the love remains.

Singers and instruments
praise its presence
and in the dwelling
springs arise.

Canción 87

Morada del Amor

Desde lo profundo
de la fundación de la tierra
hasta el cielo
se extiende el poder
de tu amor.

Ninguna puerta o barrera puede
resistir la fuerza de tu
amor, pues cosas gloriosas
suceden en su presencia.

Las moradas vienen y van,
pero el amor permanece.

Muchos han vivido y han muerto,
pero el amor permanece.

Cantantes e instrumentos
alaban su presencia
y en la morada
nacen manantiales.

Song 88

Out of Despair

I cry out day and night.

Hear my prayer
and call for help.

I am heavy with troubles;
my life close to the grave.

I feel as though
I am about to fall
into the grave,
among those lost
for evermore.

I have fallen into
the lowest pit; in
darkness I call out.

From below I look out in
search for a wave of grace.

Hopefulness

Here, far from those I love,
in darkness, I call out.

I reason and see
my affliction, and
now call out for
the light of day.

Like the dead in the
grave, I lie and wait.

Yes, even here in the grave
lovingkindness extends its
light, making the dark
relinquish its might.

Canción 88

Por Desesperación

Clamo día y noche.

Escucha mi oración
y petición de ayuda.

Estoy cargado de problemas;
mi vida cerca de la tumba.

Siento como si
estuviera a punto de caer
en la tumba,
entre aquellos perdidos
para siempre.

He caído en
el pozo más bajo; en
la oscuridad grito.

Desde abajo miro en
busca de una ola de gracia.

Optimismo

Aquí, lejos de aquellos que amo,
en la oscuridad, yo clamo.

Razono y veo
mi aflicción, y
ahora llamo por
la luz del día.

Como los muertos en
la tumba, acosado espero.

Sí, incluso aquí en la tumba
la bondad extiende su
luz, haciendo que la oscuridad
abandone su poder.

I cried out and the
light cast its shadow
upon me and in time the
eclipse past beside me.

In darkness I felt
as though I had died,
trembling with my
thoughts, yet
holding onto hope.

From afar I saw loved
ones, and in their
voices I tasted the
water of the earth.

Then like lightening I
felt refreshed and stood
restored once again.

Grité y la
luz proyectó su sombra
sobre mí y con el tiempo el
eclipse pasó junto a mí.

En la oscuridad me sentí
como si hubiera muerto,
temblando con mis
pensamientos, aún así
manteniendo la esperanza.

Desde lejos vi a seres
queridos, y en sus
voces probé el
agua de la tierra.

Entonces como un relámpago me
sentí refrescado y me levanté
restaurado una vez más.

Song 89

A Covenant

I will sing of the power of
love forever, for through
my example generations
will know its force.

Compassion is abundant
and your faithfulness is
established in the universe
now and for evermore.

A covenant has been made and
honored throughout the ages;
generations to come will
increase and expand its reach.

The galaxy will magnify
the light and will resound
the praises of its might.

Like rings upon the
water their solidarity
will encircle all the
planets in the universe.

Everlasting Power

In the cosmos there
is no greater power.

The earth, the sea,
and the vast sky, echo
accounts of tested times.

North, south, east, and
west, and beyond the outer
limits of our grasp, your
lovingkindness envelops all:
water, fire, earth, and air.

Canción 89

Un Pacto

Cantaré el poder
del amor por siempre, pues con
mi ejemplo, generaciones
conocerán su fuerza.

La compasión abunda
y tu fidelidad
está establecida en el universo
ahora y para siempre.

Un pacto ha sido hecho y
honrado a lo largo de los siglos;
las generaciones venideras
aumentarán y expandirán su alcance.

La galaxia magnificará
la luz y resonará
las alabanzas de su poder.

Como anillos en el agua
su solidaridad
envolverá a todos los planetas
del universo.

Poder Eterno

En el cosmos no hay
mayor fuerza.

La tierra, el mar,
y el vasto cielo, ecos
de historias de tiempos pasados.

Norte, sur, este, y
oeste, y más allá de los límites
de nuestro alcance, tu
bondad alcanza todo:
agua, fuego, tierra, y aire.

Compassion and forgiveness
are the glue that seal
the peace within us.

Compasión y perdón
son el pegamento que sella
la paz dentro de nosotros.

The Following

We of the light know
the joy of life.

We rejoice day in and
out, for your radiance
strengthens us.

La Descendencia

Los que somos de luz conocemos
la alegría de la vida.

Nos regocijamos día tras día,
pues tu radiante luz nos
da fuerza.

The Chosen

In vision You speak
to those who listen.

Upon them is cast the gift
of love, for they listen.

Body and soul are
strengthened and all
harm is deflected.

Your compassion and
love guide them upon the
land and sea and in outer space.

They call out to You
and You respond; your
compassion they keep
and the covenant
is steadfast.

They will increase and walk
in step or break their stride.

Yet your lovingkindness washes
away their transgression and
so endures the faithfulness
of your love.

El Elegido

En visiones, Tú hablas
a aquellos que escuchan.

Sobre ellos se les concede el regalo
del amor, pues ellos escuchan.

Cuerpo y alma son
fortalecidos y todo
daño es rechazado.

Tu compasión y
amor los guía en la
tierra, el mar y el espacio exterior.

Ellos te llaman
y tú respondes; tu
compasión la guardan
y el pacto
es firme.

Aumentarán y caminarán
en paso o perderán el ritmo.

Sin embargo, tu bondad elimina
sus transgresiones y
así permanece la fidelidad
de tu amor.

The covenant is sealed
and no word or deed shall
loosen what is sacred.

El pacto está sellado
y ninguna palabra o acción
romperá lo sagrado.

Like the stars in the
galaxy, the moon, the sun,
this bond is everlasting.

Como las estrellas en la
galaxia, la luna, el sol,
esta unión es eterna.

Cast Off

Desechar

As days go by they walk
astray, two and more
follow down the path.

A medida que pasan los días, caminan
desviados, dos o más
siguen por el camino.

The covenant they hold loose
and they forget the past.

El pacto que mantienen es débil
y olvidan el pasado.

Nature rules: rain and wind
run havoc on the land.

La naturaleza domina: la lluvia y el viento
causan estragos en la tierra.

Spoiled crops lie in open
fields for all to see.

Las cosechas estropeadas yacen en los
campos abiertos para que todos las vean.

Some remark: Where is
this one you call upon
for help and keep?

Algunos se preguntan: ¿Dónde está
aquél a quien invocaste
en busca de ayuda y protección?

Neighbors stand and mock
those who once prayed.

Los vecinos se quedan, burlándose
de aquellos que antes oraban.

Now the land desolate,
without guard or staff,
lies open for claim.

Ahora la tierra es un desierto,
sin guía ni apoyo,
está abierta para ser reclamada.

The grandeur gone,
abundance cast to the
ground, youth is shortened.

La grandeza se fue,
la abundancia cayó al suelo,
la juventud se acorta.

Dolor fills the days and
memories are laid in steel.

El dolor llena los días y
los recuerdos se guardan en acero.

How Long?

How long will they ascribe
to acts against the proof
when nature is the reproof?

The fire felt and
cold blood through
their veins is
all self-induced.

Now they draw upon their
memory and swear they
know the truth.

Your lovingkindness stands
in their midst, with no
reproach or trial made.

Yet they wallow in
the mist of morning dew,
lost in reverie, confused,
cut off from the vine
the lineage grew.

How long will they
wonder footloose,
off the anointed path?

Closing

Blessed is The One and Only,
now, as in the past, and in the
future for evermore. Amen.

¿Cuánto Tiempo?

¿Cuánto tiempo atribuirán
a actos contra la prueba
cuando la naturaleza es la reprensión?

La sensación de fuego y
la sangre fría a través
de sus venas es
autoinfligido.

Ahora recurren a su
memoria y juran
conocer la verdad.

Tu bondad amorosa se encuentra
en medio de ellos, sin
reproche ni juicio.

Sin embargo, se revuelcan en
la niebla de la madrugada,
perdidos en la ensoñación, confundidos,
cortados de la vid
de donde creció la línea.

¿Cuánto tiempo seguirán
sin rumbo,
fuera del camino consagrado?

Cierre

Bendito es El Único e Incomparable,
ahora, como en el pasado, y en el
futuro para siempre. Amén.

Book 4

Song 90

The Eternal One

You are The One and Only.

Before all generations,
before Earth was
formed, from then,
now and for evermore.

Societies have come and gone;
some have turned your way,
others have walked astray.

A thousand years are but a
flicker of the past, as
yesterday and tomorrow
collapse into a day.

Some sleep as though
carried by a flood.

They awake and grow like
leaves of grass and in the
evening they are cut down.

Consumed by troubles they
shine in the open field
like flames exposed
to mountain rains.

The days and years elapse,
tales of strength and labor
lost, yet out of sorrow
they see flight.

Cut off by choice they
are filled with fear.

Teach us to number our days,
that our hearts will listen
to wisdom's voice.

Libro 4

Canción 90

El Eterno

Tú eres el Único e Incomparable.

Antes de todas las generaciones,
antes de que la Tierra fuera
creada, desde entonces,
ahora y para siempre.

Las sociedades han venido y se han ido;
algunos se han acercado a tu camino,
otros han andado errantes.

Mil años son solo un
parpadeo del pasado,
ya que ayer y mañana
se desvanecen en un día.

Algunos duermen como si estuvieran
llevados por una inundación.

Despiertan y crecen como
hojas de hierba y en la
tarde son cortados.

Consumidos por los problemas,
brillan en el campo abierto
como llamas expuestas
a las lluvias de la montaña.

Los días y los años pasan,
cuentos de fuerza y trabajo
perdidos, sin embargo, de la tristeza
ven el vuelo.

Cortados por su propia elección,
están llenos de temor.

Enséñanos a contar nuestros días,
para que nuestros corazones escuchen
la voz de la sabiduría.

How long will it be before we
are once again satisfied,
filled with compassion and joy
the rest of our days?

Let the days we lost be gone
and return us to our task,
let us work the soil and
enjoy our lives.

Let your beauty fall upon us
all and reestablish our toil,
that we may join together
in this our enterprise.

¿Cuánto tiempo pasará antes de que
volvamos a estar satisfechos,
llenos de compasión y alegría
el resto de nuestros días?

Que los días que perdimos desaparezcan
y nos devuelvan a nuestra tarea,
que trabajemos la tierra y
disfrutemos de nuestras vidas.

Que tu belleza caiga sobre nosotros
y reestablezca nuestro trabajo,
para que podamos unirnos
en esta nuestra empresa.

Song 91

The Secret State

They who call upon The One
and Only shall create a secret
state and the Spirit shall
dwell within the space.

In this state I will call
upon You and feel safe.

Covered as though by a
mystical mist, they will
divert harm's way.

Gifted with feathers and under
wing, we are shielded from
what is to come.

No fear or terror felt by
day or night, for even in
darkness there is light.

Many will fall here and there,
but no harm will touch those
shielded by your might.

In time, it is clear what
one's kismet brings: As
released it shall revert.

So comes nature's course, yet
by grace of the secret state
no ruin will come to them as
they walk upon the land.

Lifted as if by gusts of wind,
their footing is unscathed,
even among the wild prey.

Canción 91

El Estado Secreto

Los que invocan al Único
crearán un estado secreto
y el Espíritu habitará
en ese espacio.

En este estado yo Te invocaré
y me sentiré seguro.

Cubiertos como si fuera
por una neblina mística,
desviarán el camino del daño.

Regalados con plumas y
debajo del ala, estamos
protegidos de lo que viene.

Sin miedo ni terror, de
día ni de noche, pues
hasta en la oscuridad hay luz.

Muchos caerán aquí y allá,
pero ningún mal tocará a
los protegidos por tu poder.

Con el tiempo, está claro
lo que trae el destino:
Al liberarse, volverá.

Así es el curso de la naturaleza, pero
por la gracia del estado secreto,
ninguna ruina les llegará mientras
caminen por la tierra.

Levantados como por ráfagas de viento,
sus pasos están ilesos,
incluso entre animales salvajes.

Your love is marked upon
our visage as we stand to
praise this our grace.

Delivered from dismay, we
thank You for this safe stay.

Tu amor está marcado en nuestras caras
mientras nos ponemos de pie
para alabar esta gracia.

Liberados del pesar,
Te damos gracias por esta estancia segura.

Song 92

Praise The One and Only

Unto The One and Only
we give praise.

Send forth your lovingkindness
at dawn as in the twilight.

Play upon instruments and
rejoice in the melody of love.

You have made me glad and in
my work and life I strive
to be all that I can.

I see those with malice in
their hearts thrive like
grass upon the meadow.

How is this that
water sustains?

Yet as released it
shall revert, not out
of hate, merely fate.

And so we seed and crops
grow high and we store
the fruit that now in
old age we partake.

Blessings we enjoy and praise
the source of our content.

Canción 92

Alabado Sea el Único

Al Único y Todopoderoso
damos alabanza.

Envía tu bondad amorosa
al amanecer como al anochecer.

Toca en los instrumentos y
regocíjate en la melodía del amor.

Me has hecho feliz y en
mi trabajo y vida esforzarse
por ser todo lo que pueda.

Veo a aquellos con rencor en
sus corazones prosperar como
la hierba en el prado.

¿Cómo es que
el agua sostiene?

Sin embargo, al ser liberada
volverá, no por odio,
sino por destino.

Así sembramos y las cosechas
crecen y guardamos
la fruta con la que ahora
en la vejez nos alimentamos.

Bendiciones disfrutamos y alabamos
la fuente de nuestra tranquilidad.

Song 93

The Splendor

Your splendor
transcends
the universe.

Your strength girds
the galaxy in place.

The force is, as in
the past and in the
future, for evermore.

The water of life flows and
its might echoes but one
truth: You are The One
and Only, now and
for evermore.

Canción 93

El Esplendor

Tu esplendor
trasciende
el universo.

Tu fuerza sostiene
la galaxia en su lugar.

La fuerza es, como en
el pasado y en el
futuro, para siempre.

El agua de la vida fluye y
su poder son ecos de una
verdad: Tú eres El Uno
e Incomparable, ahora y
para siempre.

Song 94

The Promise

Hear our plea that we may
have a just reprieve.

They who would not
listen arise to thrive.

How long will they flourish
and act ruthlessly?

We of lineage are afflicted,
lives lost, dreams shattered.

They believe You are unaware,
cannot see, have abandoned us.

We teary-eyed feel the brunt
and stand in hopeful watch.

Blessed are we who have not
given up, nor are cast aside.

The peace we feel in
heart is your voice
against all iniquity.

Out of silence comes your
voice in clouds of thunder
and lifted by the gale
we stand in wonder.

In the multitude, in thought
and comfort of delight, we
pause. Shall it be that our
kinship die by these who tarry
in heartless nights?

Yet we gather souls
bound, sans qualm,
translucent to those
who would cut us down.

Canción 94

La Promesa

Oye nuestra súplica para que podamos
recibir una justa liberación.

Ellos que no quisieron
escuchar se levantan para prosperar.

¿Cuánto tiempo florecerán
y actuarán despiadadamente?

Nosotros, de línea afectada,
vida perdida, sueños destruidos.

Ellos creen que Tú no estás al tanto,
que no puedes ver, que nos has abandonado.

Nosotros, con los ojos llenos de lágrimas,
sentimos el peso y aguardamos con esperanza.

Benditos somos nosotros que no
hemos desistido, ni somos rechazados.

La paz que sentimos en
el corazón es tu voz
contra toda maldad.

Del silencio sale tu
voz en nubes de truenos
y levantados por la brisa
estamos en asombro.

En la multitud, en el pensamiento
y el confort de la alegría, nos
detenemos. ¿Será que nuestra
prole muera por aquellos que se demoran
en noches sin corazón?

Sin embargo, nos reunimos
las almas unidas, sin reparo,
trasparentes a los que
nos quieren derribar.

This your promise is our
defense and like rock we
shall not be moved.

Esta promesa tuya es nuestra
defensa y como la roca no
nos moveremos.

Song 95

A Call to Worship

Come and sing a song of
praise, that this our
rock of grace has once
again protected us.

Out of the earth,
the sea and the hills,
comes your strength.

We the people of this
land hear your voice.

Come away from this land
which forty years past
was a den of snares.

Open up our hearts that
we will hear and ensue your
way, that we will be among
those out of this dismay.

Canción 95

Llamada a la Adoración

Ven y canta una canción de
alabanza, porque esta nuestra
roca de gracia nos ha
protegido una vez más.

De la tierra,
del mar y de las colinas,
viene tu fuerza.

Nosotros, el pueblo de esta
tierra, escuchamos tu voz.

Huye de esta tierra
que hace cuarenta años
era una madriguera de trampas.

Abre nuestros corazones para
que escuchemos y sigamos tu
camino, para que estemos entre
aquellos que salen de esta desgracia.

Song 96

A Call to Sing

To You we sing a new song;
in harmony, we bless You,
today and every day.

On Earth and in the infinite
universe, we sing:
Fulfillment is here.

Among those in body and in
Spirit we declare your glory.

For You love and
do not destroy.

Your energy fulfills us
and we praise your love.

On Earth or in the heavens,
your energy envelops us
and safe we remain.

Nature reigns with the
ebb and pull of the
infinite galaxies,
the source the light
of universal birth.

Loyalty and honor we
maintain and by your
favor we are sustained.

Your presence and holiness
are within and we and the
universe shall not be
transgressed.

The winds and seas roar with
mirth; the lands and flora
revel at the rebirth.

Canción 96

Llamada al Canto

A Ti cantamos una nueva canción;
en armonía, Te bendecimos,
hoy y todos los días.

En la Tierra y el infinito
universo, cantamos:
La plenitud está aquí.

Entre aquellos en cuerpo y en
Espíritu declaramos tu gloria.

Porque Tú amas y
no destruyes.

Tu energía nos llena
y alabamos tu amor.

En la Tierra o en los cielos,
tu energía nos envuelve
y seguros permanecemos.

La naturaleza reina con la
reflujo y la marea de las
galaxias infinitas,
la fuente de la luz
del nacimiento universal.

Lealtad y honor mantenemos
y por tu favor
somos sostenidos.

Tu presencia y santidad
están dentro y nosotros y el
universo no serán
transgredidos.

Los vientos y mares rugen con
alegría; las tierras y la flora
se regocijan con el renacer.

You are here for
evermore; it is we who
live by our actual deeds.

Tú estás aquí para
siempre; somos nosotros quienes
vivimos según nuestros hechos.

Song 97

The Guide

Your essence envelops
all the planets of
the universe.

Even in darkness
You are present.

Like a fire before
a people, your light
alters the earth.

In body and in Spirit,
we claim the force that
guides us to our delight.

Your love preserves
us and we rejoice to
be in your light.

Canción 97

La Guía

Tu esencia envuelve
todos los planetas del
universo.

Incluso en la oscuridad
Tu estás presente.

Como un fuego frente
a una muchedumbre, tu luz
cambia la tierra.

En cuerpo y en Espíritu,
reclamamos la fuerza que
nos guía hacia nuestro deleite.

Tu amor nos preserva
y nos regocijamos de
estar en tu luz.

Song 98

A Song of Praise

Your energy envelops
all the lands and to You
we sing our song.

Your ways are known
and open for us
to choose.

We who chose rejoice
in this the house
we have made.

We sing with harp
and cymbals in hand;
trumpets sound like
a mighty sea.

Land and sea, and
we in harmony sing
praise; for we embrace
our life and our deeds.

Canción 98

Una Canción de Alabanza

Tu energía envuelve
todas las tierras y a Ti
cantamos nuestra canción.

Tus caminos son conocidos
y abiertos para nosotros
para elegir.

Nosotros que elegimos nos alegramos
en esta casa
que hemos hecho.

Cantamos con arpa
y címbalos en mano;
trompetas suenan como
un gran mar.

Tierra y mar, y
nosotros en armonía cantamos
alabanzas; porque abrazamos
nuestra vida y nuestras acciones.

Song 99

The Adoration

You prevail among the
stars and the infinite
hills and valleys.

We praise your glory and call
upon your love.

Like those before us,
we listen for your voice.

We call You and like
a rainbow that descends
upon us we are enveloped.

In steadfast trust, we proceed
and live our lives openly.

As though in a triangle
of light which protects, we
heed our calling to make a
difference with no vengeance.

You, we exult and worship
all the days of our lives.

Canción 99

La Adoración

Prevaleces entre las
estrellas y los valles
y colinas infinitos.

Alabamos tu gloria y clamamos
por tu amor.

Como aquellos antes de nosotros,
escuchamos tu voz.

Te invocamos y como
un arcoíris que desciende
sobre nosotros, nos envuelve.

Con firme confianza, continuamos
y vivimos nuestras vidas abiertamente.

Como si estuviéramos en un triángulo
de luz que nos protege,
escuchamos nuestra vocación para hacer
una diferencia sin venganza.

A Ti, te exaltamos y adoramos
todos los días de nuestras vidas.

Song 100

Worship

In gladness, we sing
and make a harmonious sound.

You are The One and Only
and together we are one.

In thanksgiving, we
praise and bless You.

You are everlasting and
truth is the light which
guides now and for evermore.

Canción 100

Adorar

En alegría, cantamos
y hacemos un sonido armonioso.

Eres El Único y Todopoderoso
y juntos somos uno.

En acción de gracias, Te
alabamos y bendecimos.

Eres eterno y
la verdad es la luz que
guía ahora y por siempre.

Song 101

A Guide to Live By

A song of compassion and
forgiveness, I will sing;
to You, I sing praise.

I live by light and behave
in an ethical way.

I listen to my heart and
mind and in wisdom I
choose to be kind.

I wish no injury
to anyone and to
me no harm will cleave.

A sunken heart shall depart
from me and like a magnate
light shall follow me.

My neighbors I shall keep
in empathy and in karmic
fashion we shall live
void of trickery.

In my heart abides the cosmic
law and my mind complies
in harmonic euphony.

In my house truth resides
and those who enter
are stabilized.

I bless all who walk the land
and fear no one, even those
who choose to stand alone.

Canción 101

Una Guía para Vivir

Una canción de compasión y
perdón, cantaré;
a Ti, canto alabanzas.

Vivo bajo la luz y me comporto
de manera ética.

Escucho mi corazón y
mente y con sabiduría
elijo ser amable.

No deseo el mal
a nadie ni tampoco
sufriré daño alguno.

Un corazón hundido se alejará
de mí y como un imán
la luz me seguirá.

A mis vecinos los mantendré
con empatía y
en unión kármica
viviremos sin engaños.

En mi corazón habita la ley cósmica
y mi mente obedece
en melodiosa armonía.

En mi casa la verdad reside
y los que entren
serán estabilizados.

Bendigo a todos los que vagan
por la tierra y no temo a nadie,
aun a aquellosque eligen estar solos.

Song 102

Life, Transitory; You, Eternal

I cry out to You:
Hear my prayer.

Do not tarry but comfort me
on this my day of strife.

Surround me; let not this
blight consume me.

My heart is stricken as though
by a spear and like a blade
I feel sheared, languished
upon the grass.

Without bread, my
bones pierce my flesh;
vultures whirl about and like
a pelican in the desert I
look for the sea.

I stand upon my house top,
a lone sparrow scanning the
scene ready to soar.

Beyond, I see ashes and no
water to quench my thirst.

My days are like a pendulum
gone astray and so I sit, with
eyes cast toward the sea.

But You endure all and upon my
plea You arise and surround
me in your might.

With favor, time is set
right and the shower
washes away the blight.

Canción 102

La Vida es Transitoria; Tú, Eterno

Clamo a Ti:
Escucha mi oración.

No Te demores, pero consuélame
en este día de lucha.

Abrázame; que esta
maldad no me consume.

Mi corazón está atravesado como
por una lanza y como una espada
me siento segado, languideciendo
sobre la hierba.

Sin pan, mis
huesos perforan mi carne;
buitres giran alrededor y como
un pelícano en el desierto
busco el mar.

Me paro en la azotea de mi casa,
una solitaria golondrina escaneando
el escenario lista para volar.

Más allá, veo cenizas y ningún
agua para saciar mi sed.

Mis días son como un péndulo
extraviado y así me siento, con
mis ojos puestos hacia el mar.

Pero Tú soportas todo y ante mi
súplica Te levantas y me rodeas
con tu poder.

Con favor, el tiempo se
rectifica y la lluvia
lleva lejos la maldad.

Now floating upon the sea,
I see no scavengers about;
instead a radiant rainbow
colors the open sea.

The passage illuminated,
more manage toward
the mountain top.

You are here for evermore;
your light radiates our soul.

We proclaim your everlasting
love and the valleys and hill
tops resonant our joy.

We gather and celebrate with
vitality; for out of chaos we
have come and so now we
are transformed.

The valleys and hill
tops shall shake and
melt like wax, but You
are constant for evermore.

Ahora flotando sobre el mar,
no veo carroñeros alrededor;
en cambio un radiante arcoíris
tiñe el mar abierto.

El pasaje iluminado,
más se dirige hacia
la cima de la montaña.

Tú estás aquí para siempre;
Tu luz irradia nuestra alma.

Proclamamos tu amor
eterno y los valles y montañas
resuenan con nuestra alegría.

Nos reunimos y celebramos con
vitalidad; porque de la caos hemos
venido y así ahora
somos transformados.

Los valles y cumbres
temblarán y se derretirán
como cera, pero Tú
eres constante para siempre.

Song 103

Praise to You

I embrace your love, for
I bless You with all my soul
and all that I am.

I bless You with all my
soul, for You forgive and
heal me from within.

Redeemed and washed in
everlasting lovingkindness,
I stand renewed.

Your ways You convey
and lovingly You deal
with those who obey.

Higher than the stars in
the galaxy, farther than
east to west are our
deeds no longer ours.

Like the earth that feels the
roots of the grass, You
know our frame.

Like flowers in the field,
the wind passes over us and
what once stood is no more.

Yet You are constant, and in
the dust to which we return
we are made whole with the
earth, and so the frame
is one and the same.

Bless You and all the
galaxies within; bless
You with all my soul.

Canción 103

Te Alabo

Abrazo tu amor, porque
Te bendigo con toda mi alma
y todo lo que soy.

Te bendigo con toda mi
alma, porque Tú me perdonas y
me curas desde dentro.

Redimido y limpiado en
bondad eterna,
me mantengo renovado.

Tus caminos Tú revelas
y amorosamente Tú cuidas
a quienes obedecen.

Más alto que las estrellas en
la galaxia, más lejos que
el oriente del occidente, nuestras
acciones ya no son nuestras.

Como la tierra que siente
las raíces de la hierba, Tú
conoces nuestra estructura.

Como flores en el campo,
el viento pasa sobre nosotros y
lo que una vez fue, ya no es más.

Sin embargo Tú eres constante, y en
el polvo al que volvemos
nos completamos con la
tierra, y así la estructura
es la misma.

Te bendigo y todas las
galaxias dentro; Te bendigo
con toda mi alma.

Song 104

Bless You for Your Splendor

Your splendor covers You
like a cloth stretched out
among the galaxies.

Pillars stand in the water,
the foundation to the earth.

Out of the sea comes the
mountain, touching the
winged sky.

Some travel up the mountain,
down into the valley.

There they live a life
of food and drink, in
fields of plenty.

The fields produce their
yield, the trees their sap
and shelter for the kindred.

The moon and sun mark
the seasons, and as night
and day pass the cycle
of life continues.

The seas and the earth await
your call; the kindred endure
the flow of harvest and loss.

You endure forever and
I will sing your praise;
I bless You with my soul.

Canción 104

Bendito Seas por Tu Esplendor

Tu esplendor Te cubre
como una tela extendida
entre las galaxias.

Los pilares se alzan en el agua,
la base de la tierra.

Del mar surge la
montaña, tocando el cielo
con alas.

Algunos viajan a la montaña,
abajo hasta el valle.

Allí viven una vida
de comida y bebida, en
campos de abundancia.

Los campos producen su
cosecha, los árboles su savia
y refugio para la descendencia.

La luna y el sol marcan
las estaciones, y mientras pasan
la noche y el día el ciclo
de la vida continúa.

Los mares y la tierra esperan
tu llamada; Los parientes resisten
el flujo de la cosecha y la pérdida.

Tú perduras para siempre y
yo Te cantaré alabanzas;
Te bendigo con mi alma.

Song 105

Thanksgiving Song

Glory to your love
for all your works
start with love.

We seek your presence,
remembering the covenant
thousands of generations
have led in steadfast faith.

Remember those who received
your word, strangers then
but followers now in the
nation of the beloved.

Prophets were not touched
and upon the land of sand
fell the rule of the heart.

Gladly they departed into the
wild, feeding upon the
goodness of the land,
leaving those bound
to the heart.

Now we observe the law
of the soul and praise
your love.

Canción 105

Canción de Acción de Gracias

Gloria a tu amor
porque todas tus obras
comienzan con amor.

Buscamos tu presencia,
recordando el pacto
que miles de generaciones
han seguido con fe firme.

Recuerda a los que recibieron
tu palabra, extraños entonces
pero seguidores ahora en la
nación del amado.

Los profetas no fueron tocados
y sobre la tierra de arena
cayó la regla del corazón.

Alegremente se fueron al
desierto, alimentándose de la
bondad de la tierra,
dejando a aquellos atados
al corazón.

Ahora observamos la ley
del alma y alabamos
tu amor.

Song 106

Lovingkindness in Faithlessness

I praise You for your goodness;
your lovingkindness
is for evermore.

Who recalls the goodness
You have shown us?

Blessed are they who follow
the law of the soul.

May I be amongst those
in the land of the beloved.

We have fallen and
turned away from the law.

Now out of the sea, we have
forgotten your works in the
land bound to the heart.

In the wilderness, we reverted
to the ways of the heart
and deified others.

Remember the one who
spoke for us;
yet soon unholy sacrifices
become our ways, shedding
innocent blood upon
the sacred land.

Delivered into the hands of
woe, we received our pay; yet
then we cried out: help us
in this defiled state.

You heard us as we evoked
the covenant that binds
us to the law.

Canción 106

Misericordia en la Deslealtad

Te alabo por tu bondad;
tu amor y misericordia
son para siempre.

¿Quién recuerda la bondad
que nos has mostrado?

Bendecidos son los que siguen
la ley del alma.

Que yo esté entre ellos
en la tierra del amado.

Hemos caído y nos
hemos apartado de la ley.

Ahora del mar, hemos
olvidado tus obras en la
tierra atada al corazón.

En el desierto, regresamos
a los caminos del corazón
y divinizamos a otros.

Recuerda al que
habló por nosotros;
sin embargo, pronto los sacrificios impíos
se convirtieron en nuestro camino,
derramando sangre inocente
en la tierra santa.

Entregados en manos de
la desgracia, recibimos nuestra paga;
sin embargo, entonces clamamos:
Ayúdanos en este estado profanado.

Tú nos escuchaste cuando
invocamos el pacto que
nos une a la ley.

Praise be to You, for You
have gathered us up from the
entrails of our own deceit.

Blessed be You who are
everlasting; The One
and Only; praise
be to You. Amen.

Alabado seas Tú, porque
nos has reunido desde las
entrañas de nuestro propio engaño.

Bendito seas Tú, que
eres eterno;
El Único; alabado
seas. Amén.

Book 5

Song 107

The Deliverance

I give thanks for You are
good; your lovingkindness
endures for evermore.

Out of the east, west, north
and south, You gathered us.

We wandered in the wilderness
hungry and thirsty, our
souls faint.

We cried out in
misery and You brought
us out of our distress.

In darkness and bound to the
law of the heart we fell;
yet out of the shadow
of death we come forth.

We are delivered by your love.

Upon the sea and in the depths
of the water, we saw the
wonders of your might.

In the eye of the storm,
with waves touching the
sky, we called out; then,
upon the sea rested a calm
that touched our inner being.

Oh that we would praise the
acts: rivers turned into dry
ground, fruitful land into
barrenness; then, all at
once these were reversed.

Libro 5

Canción 107

La Liberación

Te doy gracias porque
eres bueno; tu bondad amorosa
permanece para siempre.

Del este, oeste, norte
y sur nos reuniste.

Nosotros andábamos en el desierto
hambrientos y sedientos, nuestras
almas débiles.

Gritamos en miseria y nos
sacaste de nuestro
sufrimiento.

En la oscuridad y ligados a la
ley del corazón caímos;
sin embargo, salimos de la sombra
de la muerte.

Somos liberados por tu amor.

Sobre el mar y en las profundidades
del agua vimos las maravillas
de tu poder.

En el ojo de la tormenta,
con olas tocando el cielo,
gritamos; entonces,
sobre el mar reposó una calma
que tocó nuestro ser interior.

Oh que alabemos los
hechos: ríos convertidos en
tierra seca, tierra fértil
en estéril; entonces,
de repente todo fue revertido.

Upon the land we
flourished, yet in time
this did go awry and we
reverted to the ways
of the past.

Yet the true were set apart
and rejoiced among the rest.

Observe these signs;
understand the power of
lovingkindness and the law
that binds our ways.

Sobre la tierra
florecimos, sin embargo con el
tiempo esto se torció y
regresamos a los caminos
del pasado.

Sin embargo, la verdad fue apartada
y se hubo regocijo entre el resto.

Observa estas señales;
entiende el poder de la
bondad amorosa y la ley
que une nuestros caminos.

Song 108

Rejoice in Adoration

I will sing and praise
You in all places, with my
harp I will keep pace
and I will awake the race.

Your lovingkindness is
great and the truth
reaches beyond the skies.

You are above all and extend
throughout the galaxies.

May your beloved be delivered
and may we rejoice in
your the holy place.

May the beloved stretch out
into the vast expanse.

May we travel
with your love;
protect us as we
journey the
infinite celestial
light.

Canción 108

Alégrate en tu Adoración

Cantaré y Te alabaré
en todos los lugares, con mi
arpa mantendré el ritmo
y despertaré a la carrera.

Tu bondad amorosa es
grande y la verdad
alcanza más allá de los cielos.

Estás por encima de todo y Te extiendes
a través de las galaxias.

Que sean entregados los queridos
y podamos regocijarnos en
tu santo lugar.

Que los queridos se extiendan
en el amplio espacio.

Que viajemos
con tu amor;
protégenos mientras
viajamos a la
infinita luz
celestial.

Song 109

A Prayer

I praise You with all my soul
and I ask that You release peace
into the infinite galaxies.

Out of the mouths of many
have I been troubled.

Protect me and reward
my good with good.

Let those who wish no peace
come into the light.

There are those who want not
the light but take up the
garment of the dark; how
is it that they transform?

Let not this affliction
touch my cloak.

Keep my heart fixed
upon the grace of life.

Deliver me and heal my wounds;
bless me and allow me to
rejoice in your light.

I will praise You in secret
and in sight and I will keep
You holy within my soul.

Canción 109

Una Oración

Te alabo con toda mi alma
y pido que liberes paz
en las galaxias infinitas.

Por muchas bocas
he sido atormentado.

Protégeme y recompensa
mi bien con bien.

Que aquellos que no desean paz
vengan a la luz.

Hay quienes no quieren
la luz, pero toman el
manto de la oscuridad; ¿cómo
es que se transforman?

No permitas que esta aflicción
toque mi manto.

Mantén mi corazón fijo
en la gracia de la vida.

Líbrame y sana mis heridas;
bendíceme y permíteme
regocijarme en tu luz.

Te alabaré en secreto
y a la vista y Te mantendré
santo dentro de mi alma.

Song 110

Empowerment

Sit at my side and take
my rod upon your life.

Many will doubt your might,
but hold tight for out of
the womb of the earth
comes the strife.

The dew of youth shall fall
upon the night and all shall
succumb by the knife.

Drink of the brook and hold up
your staff; this water shall
encompass all the travesties
across the vast expanse.

Canción 110

Empoderamiento

Siéntate a mi lado y toma
mi vara en tu vida.

Muchos dudarán de tu poder,
pero agárrate fuerte porque del
vientre de la tierra
viene la lucha.

El rocío de juventud caerá
sobre la noche y todos caerán
por el cuchillo.

Bebe del arroyo y sostén
tu vara; esta agua te acompañará en
todas tus desgracias
a través del amplio espacio.

Song 111

Praise for Works

In secret and in open sight
I praise You with my whole
heart and soul.

Great are your works and
compassionate is your design.

Food for the masses is issued
forth; the covenant made
strong with the lineage of
the weak now steadfast
in truth and act.

Redemption befalls the
masses; the awe now wisdom,
an understanding of the law.

We praise You now
and for evermore.

Canción 111

Alabo tus Obras

En secreto y a la vista
Te alabo con todo mi
corazón y alma.

Grandes son tus obras y
compasivo es tu diseño.

Alimento para las masas
provees; el pacto se hace
fuerte con la línea de
los débiles ahora sólido
en verdad y acción.

Redención aflige a la muchedumbre;
el respeto es ahora sabiduría,
una comprensión de la ley.

Te alabamos ahora
y para siempre.

Song 112

In Awe

Praise and blessings
upon You and us who
delight in your love.

Our generations shall spread
upon the lands and in your
grace and compassion our
houses shall multiple.

We will guide our affairs
with discretion and will
not be moved except with
heartfelt passion.

The horn shall call the
beloved and all impious
desire shall melt away.

Canción 112

En Asombro

Alabanza y bendiciones
sobre Ti y nosotros, quienes
nos deleitamos en tu amor.

Nuestras generaciones se extenderán
sobre la tierra y en tu
gracia y compasión, nuestras
casas se multiplicarán.

Guiaremos nuestros asuntos
con discreción y no seremos
llevados nada más que con
pasión sincera.

La trompeta llamará al
amado y todo malvado
deseo se derretirá.

Song 113

Praise Be

You are The One and Only,
praise be.

Blessed are You from
time and for evermore.

From the rising of the sun to
its setting, praise be the
power that brings it forth.

From the land to the sky
above, praise be the
power that holds it
all in space.

Here among our dwellings we
sense your presence that out
of dust we came, and, though
barren once, we bear fruit
from the womb of the
earth; now in our
joyful home,
your soul.

Canción 113

Alabado Sea

Tú eres el Único e Incomparable,
¡alabado sea!

Bendito Eres todo
el tiempo y por siempre.

Desde el alba hasta
el anochecer, alabado sea el
poder que lo hace surgir.

Desde la tierra hasta
el cielo de arriba, alabado sea el
poder que lo mantiene
todo en el espacio.

Aquí entre nuestras moradas
sentimos tu presencia, que
del polvo venimos, y, aunque
fuimos estériles, llevamos fruto
del vientre de la tierra;
ahora en nuestra
casa alegre,
tu alma.

Song 114

The Flight

Out of the land of the
heart, from the sand of
the dead sea, water spewed
forth and covered the terrain.

The mountains moved
and hills sank.

The earth did tremble and from
rock came a fountain of life.

In the sky appeared a
multitude of suns and
moons; a net cast down
brought up the souls.

In safety, in a flash, they
transformed, relinquished
to the source of life.

Canción 114

El Vuelo

Del corazón de la
tierra, de la arena del
mar muerto, el agua
brotó y cubrió el terreno.

Las montañas se movieron
y las colinas se hundieron.

La tierra tembló y de la roca
surgió una fuente de vida.

En el cielo aparecieron
multitud de soles y lunas;
una red bajó y trajo
las almas.

En seguridad, de un soplo,
cambiaron, se entregaron
al origen de la vida.

Song 115

Glory and Praise

To You we give glory
and praise, for the truth
abides in the land and sky.

Here among the living
they are led astray.
Do they not hear the truth?

Heed the call and listen
with your soul; take up
the shield and trust the
one you bless day and night.

The One and Only is for
evermore, for no power is
greater than this love out of
the womb whence we came.

We are bound by the
Spirit that runs through
our veins and in sound or
in silence we are the same.

In the galaxies or on
the land, we will praise
and give glory to The One
and Only who is for evermore.

Canción 115

Gloria y Alabanza

A Ti, Te damos gloria
y alabanza, porque la verdad
permanece en la tierra y en el cielo.

Aquí entre los vivos
son desviados.
¿No escuchan la verdad?

Escucha la llamada y escucha
con tu alma; toma
el escudo y confía en
aquel a quien bendices día y noche.

El Único e Incomparable es para
siempre, porque no hay poder
mayor que este amor del
vientre de donde venimos.

Estamos ligados por el
Espíritu que corre por
nuestras venas y en el sonido o
en el silencio somos los mismos.

En las galaxias o en la
tierra, alabaremos
y daremos gloria al Único
e Incomparable que es para siempre.

Song 116

An Answered Prayer

I love You for You
have heard my plea.

Inclined to me, You
listened to my cry.

Caught up in sorrow, a
bitter dream, I waded
through the marsh.

Hear me and deliver me from
this a life of agony and pain.

Then my soul did feel relief
and, brought into a life
of breath, my soul did
drink from the spring.

In sight will
I proclaim my feat and
unto You will I give thanks
unto eternity.

Canción 116

Una Oración Respondida

Te amo porque Tú
has escuchado mi súplica.

Inclinado hacia mí, Tú
escuchaste mi clamor.

Atrapado en el dolor, un
sueño amargo, me sumergí
a través del pantano.

Escúchame y líbrame de
esta vida de agonía y dolor.

Entonces mi alma sintió alivio
y, recobrada a la vida
de aliento, mi alma
bebió de la fuente.

En la vista
proclamaré mi hazaña y
Te daré gracias
por la eternidad.

Song 117

We Praise

We praise You from land to
sea, across the galaxies.

The truth endures evermore;
lovingkindness your constant
guide we praise.

Canción 117

Alabamos

Te alabamos por tierra
y mar, a través de las galaxias.

La verdad perdura para siempre;
bondad amorosa, tu constante
guía que alabamos.

Song 118

Thanksgiving

Your lovingkindness
endures for evermore,
and so we give You thanks
unto eternity.

Let us proclaim the love
that fills this place.

I walk among the dangerous,
yet no harm comes my way.

Trust and confidence, my
pillars today and evermore.

Though fire is nearby,
it reaches not my stay.

Now upon the sea, I see the
gate of life extended
to the waterway.

I praise You for this haven
built upon this rock.

This day You made; we
rejoice and in it
we are glad.

Abundance and grace fill our
house; in thanksgiving we
bless your holy love.

Light guides our transition;
we exalt your love and
in joyful chord we
thank You in accord.

Canción 118

Acción de Gracias

Tu bondad amorosa
perdura por siempre,
y así Te damos gracias
hasta la eternidad.

Dejemos proclamar el amor
que llena este lugar.

Camino entre el peligro,
sin embargo, nada me hace daño.

Confianza y seguridad, mis
pilares hoy y siempre.

A pesar de que el fuego está cerca,
no llega hasta mí.

Ahora sobre el mar, veo la
puerta de entrada a la vida extendida
hacia el camino.

Te alabo por este refugio
construido sobre esta roca.

Este día Tú lo conseguíste; nos
pusimos gozosos
y nos alegramos.

Abundancia y gracia llenan nuestra
casa; con gratitud bendecimos
tu santo amor.

La luz guía nuestra transición;
Te exaltamos con amor y
en alegre armonía Te
damos gracias en sintonía.

Song 119

The Law

One - The Blessed

Blessed are the beloved
who follow the law.

Among the living, they
walk with love in
their soul.

Though they fall, with trust
they rise and proclaim the
weakness of the heart.

To keep the law is the call
and in love they shall not
forsake the state.

Two - The Safeguard

Allow me to cleanse my
ways that upon my soul
I write the law.

With my heart I seek the truth
but weak I desert the path.

With my lips I pronounce your
love and bless your decree.

In awe, I delight in the
radiance of your sight.

Canción 119

La Ley

Uno - Bienaventurados

Benditos son los amados
que obedecen la ley.

Entre los vivos, ellos
caminan con amor en
su alma.

Aunque caigan, con confianza
se levantan y proclaman
la debilidad del corazón.

Para guardar la ley es la llamada
y en el amor no deberán
abandonar el estado.

Dos - La Garantía

Permíteme limpiar mis
caminos para que escriba
la ley en mi alma.

Con mi corazón busco la verdad
pero débil abandono el camino.

Con mis labios pronuncio tu amor
y bendigo tu decreto.

Con asombro, me deleito en lo
radiante de tu vista.

Three - Knowledge

Bless me that I may not stray
and keep your love upon my
mouth, burn the law
upon my mind and soul.

A stranger upon the land,
I long and break.

Rebuked and hid amongst the
brush, I stand and listen to
them speak but know your
law will transcend.

Four - Deeper Understanding

My soul does cleave to the
dead; quick, come and teach
me the fashion to amend.

Enlighten my soul, strengthen
me that grace will guide me
through the dregs.

Truth I choose and hold,
stuck to love not shame.

I hold the law dear and
await acumen to amend.

Five - Guidance

Teach me that I may
keep the law.

Understanding and guidance
my soul does seek, my
heart weak.

Tres - Conocimiento

Bendíceme para que no me desvíe
y mantén tu amor en mi
boca, quema la ley
en mi mente y alma.

Soy un extraño en la tierra,
ansío y me rompo.

Reprendido y escondido entre la
maleza, me detengo y escucho
hablar pero sé que tu
ley trascenderá.

Cuatro - Profunda Comprensión

Mi alma se adhiere a la
muerte; rápido, ven y enséñame
la forma de corregir.

Ilumina mi alma, fortaléceme
para que la gracia me guíe
a través de los sedimentos.

Eligo la verdad y la mantengo,
pegada al amor, no a la vergüenza.

Aprecio la ley y
espero el juicio para corregir.

Cinco - Guía

Enséñame para que pueda
cumplir con la ley.

Busco comprensión
y orientación,
mi alma es débil.

Place me in the path,
incline your counsel
that I may establish
my place upon the rock.

Six - Witness

Let your lovingkindness
descend upon me that I
may speak the law.

I trust your love, walk
amongst the crowd and
declare the love that
I hold dear.

My hands are tools as is
my mind and so I shall
proclaim the truth.

Seven - Comfort

With your love, I claim my
comfort that no affliction
will touch my commission.

Some have taken up derision
and the weakness distresses me

Yet in my house I call upon
your love and know the
law envelops me.

Triumphant I claim the
comfort that quiets me.

Eight - Devotion

You are my lot and I will
preserve your love.

Colócame en el camino,
inclina tu consejo
para que pueda establecer
mi lugar sobre la roca.

Seis - Testimonio

Que tu bondad amorosa
descienda sobre mí, para
que pueda hablar la ley.

Confío en tu amor, camino
entre la multitud y
declaro el amor que
aprecio profundamente.

Mis manos son herramientas,
así como mi mente, y por
lo tanto, proclamaré la verdad.

Siete - Confort

Con tu amor, reclamo
mi consuelo que ninguna aflicción
tocará mi misión.

Algunos se han burlado
y la debilidad me angustia.

Sin embargo, en mi casa invoco
tu amor y sé que
la ley me envuelve.

Triunfante reclamo el
consuelo que me tranquiliza.

Ocho - Devoción

Eres mi porción y
preservaré tu amor.

I thought on my ways and
turned in favor of
your law.

By midnight I have seen
the course of the plot
but I rise and give thanks,
for your lovingkindness has
restored me and so I stand
on earth stronger than before.

Nine - Learning

Deal gently with me that
I will learn your ways.

Once I was afflicted and went
astray but now I keep your
law and have your love
upon my soul.

I listened to idle talk that
rent my very core but now I
see no value in such senseless store.

Out of distress I
come to learn your ways,
with the law upon my mouth.

My gold and silver are
rendered meaningless
in this state of grace.

Ten - Visitations

You have fashioned me
and given me understanding,
let me stand before them
that do not comprehend.

Lovingkindness and comfort
surround me.

Medité en mis caminos y
me volví a favor de
tu ley.

En medio de la noche he visto
el curso del plan,
pero me levanto y doy gracias,
porque tu bondad amorosa
me ha restaurado y así estoy de pie
en la tierra más fuerte que antes.

Nueve - Aprendizaje

Trátame con gentileza para
que aprenda tus caminos.

Una vez fui afligido y me
desvié, pero ahora guardo tu
ley y tengo tu amor
en mi alma.

Escuché palabras sin sentido que
me destrozaron por dentro, pero ahora
veo que no hay valor en tal sinsentido.

De la angustia
vengo a aprender tus caminos,
con la ley en mi boca.

Mi oro y plata
no tienen valor
en este estado de gracia.

Diez - Visitaciones

Me has moldeado
y me has dado entendimiento,
déjame estar ante aquellos
que no comprenden.

La bondad amorosa y el consuelo
me rodean.

I pray let me share these that
others will understand.

Though they throw me
to cause and I flinch,
tender is your touch that
strengthens me and so I
rise heartened to the call.

Eleven - Faith

My soul longs for your
sustenance; my hope
is in your love.

I close my eyes when I call
upon your love; where
then is my solace?

Like one in the smoke,
I see the woe but
I touch it not.

Before me are pits dug that
I may fall; yet I clutch
your love and wait that
I may shun this woe.

Twelve - The Law Eternal

Forever is your love on
Earth and throughout
all the galaxies.

From one generation to
another, the law is
passed; holy is the
counsel we retain.

Rezo para compartir esto
para que otros comprendan.

Aunque me arrojen
para causar y yo tiemble,
suave es tu toque que
me fortalece y así me levanto
animado a recibir la llamada.

Once - Fe

Mi alma anhela tu
sustento; mi esperanza
está en tu amor.

Cierro mis ojos cuando invoco
tu amor; ¿dónde
está entonces mi consuelo?

Como uno en el humo,
veo la desgracia pero
no la toco.

Ante mí están fosas cavadas para
que pueda caer; sin embargo, agarro
tu amor y espero que
pueda evitar esta desgracia.

Doce - La Ley Eterna

Por siempre está tu amor en
la tierra y en todas
las galaxias.

De una generación a
otra, la ley se
transmite; sagrado es el
consejo que retenemos.

Rekindled, we stand before the
militia, but blinded by the
smoke, they see us not.

An end I see, but the law
shall forever be.

Thirteen - Meditation

In silence I ponder your law
that day and night wisdom
will come my way.

Knowledge shines my path and I
shun wanton thoughts that I
may keep your love like the
ancients and those to come.

Sweet are the words issued
from my mouth; let me take
up love and forsake
all other deeds.

Fourteen - The Guide of Life

Your love is a light upon my
path; I avow my design
with open mouth.

Come near and teach me that
I may not fear but stand
firm upon the ground.

Let no ruse enclose me;
quickly, release the noose.

I sink as though my soul
in flight; my heart sustained.

My forehead radiates and so
my path is marked; I walk
now unto the end.

Reavivados, nos presentamos ante la
milicia, pero ciegos por el
humo, no nos ven.

Veo un fin, pero la ley
será para siempre.

Trece - Meditación

En silencio medito en tu ley
para que la sabiduría
venga a mí día y noche.

El conocimiento ilumina mi camino y
evito pensamientos vanos para que
pueda guardar tu amor como lo hicieron
los antiguos y los que vendrán.

Dulces son las palabras que salen
desde mi boca; déjame abrazar
el amor y renunciar
a todas las demás acciones.

Catorce - Guía de Vida

Tu amor es una luz en mi
camino; afirmo mi propósito
con boca abierta.

Acerca y enséñame para que
no tenga miedo sino que siga
firme en el suelo.

Que ningún engaño me envuelva;
rápidamente, suelta la soga.

Me hundo como si mi alma
estuviera en vuelo; mi corazón anclado.

Mi frente brilla y así
mi camino está marcado; camino
ahora hasta el final.

Fifteen - Love of the Law

Your law I love; wanton
thoughts I shun.

I stand in open air;
my shield, the light.

Hold me firm, let no deceit
transform my state; the
dross returned to the gate.

My flesh trembles with the
flow; the law is what
we must know.

Sixteen - The Defense

I live the law and hold
tight your sustenance.

My eyes take in
your love.

Teach me that I may withstand
the lock on death and
throw aside my gold.

To cling to truth and put away
all deceit; to ring for your
defense and know You
will sustain me.

Seventeen - The Wonder

Wonderful is your law;
my soul the law
does keep.

Quince - Amor por la Ley

Amo tu ley; rechazo
pensamientos vanos.

Estoy al aire abierto;
mi escudo, la luz.

Sostenme firmemente, que ningún
engaño cambie mi estado; el
desperdicio vuelve a la puerta.

Mi carne tiembla con el
flujo; la ley es lo que
debemos conocer.

Dieciséis - La Defensa

Vivo la ley y sujeto
firmemente tu sustento.

Mis ojos captan
tu amor.

Enséñame a aguantar
el candado de la muerte y
a desprenderme de mi oro.

A aferrarme a la verdad y alejar
toda mentira; a clamar por tu
defensa y saber que Tú
me sostendrás.

Diecisiete - Maravilloso

Maravillosa es tu ley;
mi alma la ley
guarda.

Your love a light shines upon
the fleet; deliver me
from these I do not
wish to keep.

With open mouth I confess
the truth, and out of the
waters I am raised.

My eyes do cry for they remain
lodged in the galleys
upon the main.

Eighteen - Purity of the Law

Pure is the law, upright the
discernment of our deeds.

Faithful, I live for love;
my zeal I cannot restrain.

Troubled, in angst I
seize your love; the law
everlasting delights my soul.

Pure is the law and
blessed am I, for I shall
live within your sight.

Nineteen - Petition to Be Faithful

Hear me: Keep me close
to the law, embrace my
heart and soul.

At the dawning of the
light and the closing of
the night, I cried out:
Draw near and divert
those who wait
at my side.

Tu amor brilla como una luz
sobre lo veloz; líbrame
de aquello que no
quiero mantener.

Con boca abierta confieso
la verdad, y de las
aguas soy levantado.

Mis ojos lloran porque aún están
atrapados en las galeras
sobre el mar.

Dieciocho - Pureza de la Ley

Pura es la ley, recto el
juicio de nuestras acciones.

Fiel, vivo por amor;
mi celo no puedo contener.

Afligido, en angustia
busco tu amor; la ley
eterna deleita mi alma.

Pura es la ley y
bendecido soy, porque viviré
en tu presencia.

Diecinueve - Petición para Ser Leal

Escúchame: Mantenme cerca
de la ley, abraza mi
corazón y mi alma.

Al alba
y al cerrarse la noche,
clamé:
Acércate y aleja
a los que esperan
a mi lado.

Let your lovingkindness
descend upon me that
the truth surround me,
now and for evermore.

Que tu bondad amorosa
descienda sobre mí para que
la verdad me rodee,
ahora y para siempre.

Twenty - Petition for Deliverance

I keep the law.
Hear my distress.

Listen to my cause: Divert
those who seek my fall.

Let your lovingkindness
preserve me that this
anguish will lapse.

Consider how I love You
and know You to be
the truth; hear me, that I
may be true now for evermore.

Veinte - Petición de Liberación

Guardo la ley.
Escucha mi angustia.

Atiende a mi causa: Aleja
a quienes buscan verme caer.

Que tu bondad amorosa
me preserve para que este
dolor desaparezca.

Considera cómo te amo
y sé que eres
la verdad; escúchame, para que
yo sea fiel ahora y para siempre.

Twenty-One - Love for the Law

Some do torment me that in
their mind they have cause,
yet I am in awe of the law.

In your love I rejoice
and claim truth as
my cause.

Seven times a day I praise
your love, that peace will
descend upon this reign.

My soul loves the law
and I strive to
keep your ways.

Veintiuno - Amor por la Ley

Algunos me atormentan con que
en su mente tienen causa,
pero yo me asombro de la ley.

En tu amor me regocijo
y afirmo que la verdad es
mi causa.

Siete veces al día alabo
tu amor, para que la paz
descienda sobre este reinado.

Mi alma ama la ley
y me esfuerzo por
seguir tus caminos.

Twenty-Two - Petition for Help

Hear my cry: Come
near and restore me.

Let your love
heal my soul.

Out of my mouth comes
your law for it is
written upon my soul.

Sustenance do I crave; let my
soul live that in the law
praise is my delight.

Astray I have gone, but I have
not forgotten the law; come
convene the fold that we
may be united by the law.

Veintidós - Petición de Ayuda

Escucha mi clamor: Ven
y restáurame.

Que tu amor
cure mi alma.

De mi boca brota
tu ley porque está
escrita en mi alma.

Anhelo tu cuidado; deja que mi
alma viva para que en la ley
se encuentre mi deleite.

Me he desviado, pero no he
olvidado la ley; ven
y reúne al rebaño para que
estemos unidos por la ley.

Song 120

For Deliverance

Hear me and deliver me.

Release me from tongues of
deceit that arrows of fiery
coal will not graze my flesh.

Among the tents of the desert
sand I find escape, but
here I espy no peace.

I utter the word peace but
no one hears me speak.

Canción 120

Liberación

Escúchame y líbrame.

Libérame de lenguas de
engaño para que las flechas de carbón
ardiente no toquen mi carne.

Entre las tiendas del desierto
encuentro refugio, pero aquí
no vislumbro la paz.

Pronuncio la palabra paz, pero
nadie me escucha hablar.

Song 121

Trust in Protection

I view the sky
and cry: Where is my shield?

My feet upon the earth shall
not be moved; slumber I may keep.

The sun and
moon shall not fail.

My soul sustained with
the tide, though in the
whirl constant is the base.

Canción 121

Confianza en la Protección

Contemplo el cielo
y clamo: ¿Dónde está mi escudo?

Mis pies sobre la tierra no serán
movidos; puedo mantenerme en vigilia.

El sol y
la luna no fallarán.

Mi alma sustentada con
la marea, aunque en el
vórtice constante es la base.

Song 122

Homage

Let us enter the house of
rock; the gates open
to the tribes.

The walls within breathe
relief; peace unto those
who tread upon the ground.

Here no stranger can be found;
partners all in accord bound.

Canción 122

Homenaje

Déjanos entrar en la casa de
roca; las puertas se abren
a las tribus.

Las paredes interiores respiran
alivio; paz a aquellos que
pisotean el suelo.

Aquí no se encuentra a ningún extraño;
socios todos unidos en armonía.

Song 123

I Look to You

I look to You like one
out upon the sky; tied to
rain, eagerly I wait
for your sight.

Show me your lovingkindness
that in proximity I may ease
my disdain, that my soul be
filled with passion upon
the fall of rain.

Canción 123

Te Veo

Te miro a Ti como uno
que mira al cielo; atado a
la lluvia, ansiosamente espero
tu vista.

Muéstrame tu bondad amorosa
para que en la cercanía pueda aliviar
mi desdén, que mi alma se
llene de pasión sobre
la caída de la lluvia.

Song 124

Thanksgiving for Deliverance

Thank You for You were
at our side. How would
it be up against those
who would not let us be?

Up into the wind
we rose; the water
about to swallow us whole.

Like birds in flight
we escaped.

Below the snare split in two,
consumed by the strait.

Canción 124

Acción de Gracias por la Liberación

Gracias por estar
a nuestro lado. ¿Cómo
habría sido contra aquellos
que no nos dejaban ser?

Subimos hacia el viento;
el agua a punto
de tragarnos por completo.

Como pájaros en vuelo
escapamos.

Debajo la trampa se divide en dos,
consumida por el estrecho.

Song 125

Unshakable Trust

Our trust in You is strong as
the mount in sea.

Like the water that circles
the land, You reach
our citadel.

Our hearts are warmed;
your comfort at our side.

Steadfast, we hold your trust
that peace will descend upon
this holy ground.

Canción 125

Confianza Inquebrantable

Nuestra confianza en Ti es fuerte
como el monte en el mar.

Como el agua que rodea
la tierra, alcanzas
nuestra fortaleza.

Nuestros corazones se calientan;
tu consuelo a nuestro lado.

Firmes, mantenemos tu confianza
para que la paz descienda sobre
esta tierra sagrada.

Song 126

The Return

Like a dream we returned to
the mount that out of our
mouths came cries of joy,
with our tongues we
repeat your decree.

Great deeds You have done for
us; like a stream flowed our
tears that now passed
captivity we are free.

Canción 126

El Regreso

Como en un sueño volvimos
al monte para que de nuestras
bocas salgan gritos de alegría,
con nuestra lengua
repetimos tu decreto.

Grandes cosas has hecho por
nosotros; como un arroyo fluyeron
nuestras lágrimas,
ahora liberados de la cautividad.

Song 127

The Blessing

Bless this house we build with
trust that like the sparrow
we await the morrow.

The bread of sorrow we do eat
but for the beloved there
is sleep.

Out of the womb comes the
fruit that like reeds we
gather the wheat.

Full is our quiver though we
have no need to ruin
those who sever.

Canción 127

Bendición

Bendice esta casa que construimos
con confianza, como el gorrión
esperamos el mañana.

El pan de la tristeza comemos,
pero para el amado
hay descanso.

Del vientre viene el
fruto que, como juncos
cosechamos el trigo.

Lleno está nuestro carcaj aunque
no tenemos necesidad de arruinar
a aquellos que separan.

Song 128

A Hymn

Blessed are they who
walk in your ways.

The table is dressed with
the fruit of our toil and labor.

The stock replete like vines
that veil the house, we bless
You that upon this mount
we shall feel serenity.

Canción 128

Himno

Benditos son aquellos que
caminan en tus caminos.

La mesa está vestida con
el fruto de nuestro trabajo y labor.

El almacén repleto como las vides
que cubren la casa, Te bendecimos
para que en esta montaña
sintamos serenidad.

Song 129

Preservation

Many is the time that I have
seen affliction that in my
youth I bore the pain.

Like the fields burrowed
for the seed, I prevailed
that upon this mount I
would see the furrows
like honey for mead.

To my bosom I hold your rood
and bless the wood that
issued my solid gain.

Canción 129

Conservación

Muchas veces he visto
aflicción que en mi juventud
soporté con dolor.

Como los campos labrados
para la siembra, prevalecí
para ver los surcos
en este monte,
como miel para el hidromiel.

En mi pecho sostengo tu cruz
y bendigo la madera
que emitió mi sólida ganancia.

Song 130

A Cry for Pardon

I cried and You heard
my voice out of the
depths of the quake.

Hear me that I may feel
your lovingkindness.

As the dew awaits the morning,
my soul longs for peace.

My hope is in your deliverance
that compassion will
clean my slate.

Canción 130

Clamor de Perdón

Lloré y Tú escuchaste
mi voz desde las
profundidades del terremoto.

Óyeme para que pueda sentir
tu bondad amorosa.

Como el rocío espera la mañana,
mi alma anhela la paz.

Mi esperanza está en tu liberación
para que la compasión
limpie mi pizarra.

Song 131

Simplicity

My soul is like a mirror
that displays my inner core.

No action goes unseen,
no thought contained.

Before You is my life
clear and plain.

Canción 131

Simplicidad

Mi alma es como un espejo
que muestra mi interior.

Ninguna acción pasa desapercibida,
ningún pensamiento contenido.

Ante Ti está mi vida,
clara y sencilla.

Song 132

In Remembrance

Remember those who have gone
before us that our path may
be firm upon the ground.

In the field or in the wood
upon sacred ground, we
claim your love.

Let us walk with
the strength of the ark,
that from our issue thousands
upon thousands shall clothe
themselves in truth.

Bless me where I stand that I
may one day see your essence
that in this holy place many
shall flourish in grace.

Canción 132

En Memoria

Recuerda aquellos que han ido antes
que nosotros, para que nuestro camino
sea firme sobre la tierra.

En el campo o en el bosque
sobre tierra sagrada, clamamos por
tu amor.

Caminemos con
la fuerza del arca,
para que de gracias a nosotros miles
y miles se vistan
llenos de verdad.

Bendíceme donde me encuentro para que
algún día pueda ver tu esencia
para que en este lugar santo muchos
florezcan en gracia.

Song 133

In Unity

Guard the
unity we hold
this day that we
may dwell together
through our stay.

Let the cloth
drape us like the
mist that like the
mount we shall persist.

Canción 133

En Unidad

Cuida la
unidad que disfrutamos
en este día para que
podamos vivir juntos
durante nuestra estancia.

Que la tela
nos cubra como la
niebla y como la
montaña permanezcamos.

Song 134

Bless this House

Bless this house which we made
that by day or night refuge
is our mainstay.

Bless the Earth as
the universe that we
may keep at bay all disarray.

Canción 134

Bendice esta Casa

Bendice esta casa que hemos hecho
para que por día o noche refugio
sea nuestro bastión.

Bendice la Tierra
como el universo para que
todo desorden pueda quedar lejos.

Song 135

Divine Reverence

I call You forth.

Here upon this holy ground,
I claim your love and
hold You dear.

Like the vastness of the stars
above is the span of
your love.

Who reins the Earth and the
infinite galaxies?

Out of the wind comes the rain
that calms the flames.

The past is but a mist that
rises with the heat.

Who recalls what transpired
upon the ground?

Let all ages claim your love,
that they will recognize
your state.

We bless You and the
truth that in this house
we shall dwell and multiply.

Canción 135

Reverencia Divina

Te invoco.

Aquí, en esta tierra santa,
reclamo tu amor y
Te aprecio.

Como la inmensidad de las estrellas
es la amplitud de
tu amor.

¿Quién reina en la Tierra y en
las galaxias infinitas?

De los vientos viene la lluvia
que calma las llamas.

El pasado es como una niebla que
se eleva con el calor.

¿Quién recuerda lo que ocurrió
sobre la tierra?

Que todas las edades reclamen tu amor,
para que reconozcan
tu estado.

Te bendecimos a Ti y a la
verdad para que en esta casa
moraremos y nos multiplicaremos.

Song 136

A Song of Thanksgiving

Your lovingkindness is for evermore,
for this we give You thanks.

Your compassion stands before
all others, your wisdom like
the stars in the galaxies,
your love like the water
stretched out upon the seas,
your guidance like the light
that shines by day, your
presence like the moon that
pulls the tide, your hold
strong as the ground that
though it may tremble it
shall endure for evermore.

Out of the sea we passed that
once in the wasteland we
discerned the truth.

You remembered us in our state
of woe, delivered us from
death and so we live
for evermore.

Canción 136

Una Canción de Acción de Gracias

Tu bondad amorosa es para siempre,
por eso Te damos gracias.

Tu compasión se destaca
sobre los demás, tu sabiduría
como las estrellas en las galaxias,
tu amor como el agua
extendida sobre los mares,
tu guía como la luz
que brilla de día, tu
presencia como la luna que
mueve la marea, tu sostén
fuerte como la tierra que
aunque tiemble,
permanece para siempre.

Del mar hemos pasado,
que una vez en el desierto
discernimos la verdad.

Nos recordaste en nuestro estado
de dolor, nos libraste de
la muerte y así vivimos
para siempre.

Song 137

Sorrow in Exile

Along the river in the heart
of this foreign land we find
no water to quench our thirst.

Our instruments quiet that we
hear the wailing of the weak.

How can we sing with
sorrow in our breast?

Let us not forget the place of
our birth, the spring that
yields our mirth.

Let us flee from this state
soon to cascade to its fate.

Canción 137

Dolor en el Exilio

Junto al río en el corazón
de esta tierra extranjera no encontramos
agua para saciar nuestra sed.

Nuestros instrumentos callan para que
escuchemos el lamento de los débiles.

¿Cómo podemos cantar con
tristeza en nuestro pecho?

No olvidemos el lugar de
nuestro nacimiento, la fuente que
produce nuestra alegría.

Huyamos de este estado
que pronto caerá hacia su destino.

Song 138

Song of Thanksgiving

I sing joyfully in
this house and praise
You with my soul.

I am touched; your
lovingkindness warms my soul.

The day I cried out You heard
me and strengthened my soul.

Though in the midst of woe, I
sing my song and know no one
else will have dominion
over my soul.

Like a cloak that drapes me
your reach is my console.

Your compassion is
everlasting, my
need never ending.

Do not desert me but transform
me that I may transcend this
life and leave this strife.

Canción 138

Canción de Acción de Gracias

Canto alegremente en
esta casa y Te alabo
con toda mi alma.

Estoy conmovido, tu
amor calienta mi alma.

El día que clamé, me escuchaste
y fortaleciste mi alma.

Aunque en medio de la aflicción,
canto mi canción y sé que nadie
más tendrá dominio
sobre mi alma.

Como un manto que me cubre,
tu alcance es mi consuelo.

Tu compasión es
eterna, mi necesidad
nunca termina.

No me abandones, sino transfórmame
para que pueda trascender esta
vida y dejar esta lucha.

Song 139

The Eternal

You have searched my being
and know my very soul.

At daybreak You are here
and when the night falls
still You are here.

When I walk upon the
path and sit to contemplate
my fate, You are present
and discern my state.

No word comes upon my tongue
unbeknownst to You.

Before knowledge reaches
my core, that too
You have known.

Whether I ascend into
the galaxies or descend
into the pit, You are with
me and I take flight
upon your wing.

In darkness or in light, my
path is marked; my stride
firm without fright.

In my mother's womb You
breathed life into my soul.

No secret kept from memory
that like a star created in
the galaxy I became flesh to
stand upon this sacred ground.

Canción 139

Lo Eterno

Has escudriñado mi ser
y conoces mi alma misma.

Al amanecer estás aquí
y cuando cae la noche
todavía sigues aquí.

Cuando voy por el camino
y me siento a contemplar
mi destino, Tú estás presente
y conoces mi estado.

Ninguna palabra viene a mi lengua
que Tú no sepas de antemano.

Antes de que el conocimiento llegue
a mi ser, eso también
lo sabes.

Ya sea que ascienda a las galaxias
o descienda al abismo, Tú estás conmigo
y me llevo
en vuelo
sobre tus alas.

En la oscuridad o en la luz, mi
camino está marcado; mi paso
firme sin miedo.

En el vientre de mi madre Tú
insuflaste vida en mi alma.

Ningún secreto se oculta de la memoria
como una estrella creada en
la galaxia, me convertí en carne para
morar sobre esta tierra sagrada.

My essence is like an open
book that upon the sheets is
written my offense though like
ships upon the sea that number
more than I can see, I know You
are here for my defense.

Precious are the thoughts that
come into my mind; how am I
to sum them that number
more than all the
grains of sand
upon the land?

Defend me that no one will
break my flesh.

Allow me to commit your creed
upon my soul that if I be
weak your love will
be my seed.

Mi esencia es como un
libro abierto en el que
se escribe mi ofensa, aunque como
barcos sobre el mar, más numerosos
de lo que puedo ver, sé que Tú
estás aquí para mi defensa.

Preciosos son los pensamientos que
llegan a mi mente; ¿cómo puedo
contarlos, si son más numerosos
que todos
los granos de arena
sobre la tierra?

Defiéndeme para que nadie
dañe mi carne.

Permíteme grabar tu credo
en mi alma para que si soy débil,
tu amor sea
mi semilla.

Song 140

Deliverance from Adversity

Deliver me from adversity
and sustain the peace within.

Though they set a net for my
keep and assail my name,
I shall cleave to the
mainstay that holds
the mast and out
to sea I shall
sail towards
the deep.

Into the coals of fire
are cast thoughts that
afflict the night and
those who cling to be
loved are rescued
like dust that falls
in the ire of twilight.

Maintain my cause that they
will not overthrow my state;
let me be grounded; let me
here claim my stake that
I may grow in grace that
this will be my fate.

Canción 140

Liberación de la Adversidad

Líbrame de la adversidad
y mantén la paz interior.

Aunque me atrapen en una red
y ataquen mi nombre,
me aferraré a la
estrella polar
que sostiene
el mástil y hacia
el mar navegaré
a lo profundo.

En las brasas del fuego
se lanzan pensamientos que
atormentan la noche y
aquellos que buscan ser amados
son rescatados
como polvo que cae
en la ira del crepúsculo.

Mantén mi causa para que
no derriben mi estado;
permíteme estar arraigado;
permíteme reclamar mi lugar aquí
para que pueda crecer en gracia
y este sea mi destino.

Song 141

An Evening Prayer

I cried out and You heard my
voice; let my words rise up
like the incense I
burn this eve.

Watch over me and guard
me from the prowl, that
though a net is set I will
not fall and shatter my
bones upon the grave.

Keep my lips pure that they
will speak only truth and
that the grave my mouth
shall not crave.

Fix my eyes upon the
virtues of this strife;
let no iniquity transfix
my soul which craves life.

Canción 141

Oración Nocturna

He clamado y has oído mi voz;
que mis palabras se eleven
como el incienso que
quemo esta noche.

Cuídame y protégeme
de la emboscada,
para que aunque una red sea tendida,
no caigan mis huesos
se deshagan en la tumba.

Mantén mis labios puros para que
hablen solo la verdad
y que mi boca
no anhele la tumba.

Fija mis ojos en las
virtudes de esta lucha;
que ninguna iniquidad traspase
mi alma que anhela la vida.

Song 142

For Help in Trouble

I cried out and voiced my
distress; my soul suppressed.

To my right and about there
was no one to ask for help.

My soul felt defeat but I
cried: Rescue me, let the
land conceal my sight.

Once out of the
gloom I was free;
the glow of the moon
did liberate me.

Canción 142

Ayuda ante los Problemas

Grité y expresé mi angustia;
mi alma suprimida.

A mi derecha y a mi alrededor
no había nadie a quien pedir ayuda.

Mi alma se sintió vencida, pero
grité: Rescátame, que la tierra
oculte mi vista.

Una vez fuera de la
oscuridad quedé libre;
el resplandor de la luna
me liberó.

Song 143

A Prayer for Compassion

In faith I ask,
hear me pray.

How is it that in this
abode I feel no blithe
but mourn and weep?

Weigh not my deeds for surely
I would sink; instead, let my
faith diminish my state that
I too may rise up in a
blink of an eye.

Remember the days of old
when I sat and pondered
the grandeur of my fate.

Let your lovingkindness veil
my face that I may confront
my flaw yet know that faith
is the law that has
sealed my fate.

Though a ruse crosses my path,
let me grasp the vine that
rescues me from gruesome
death and so my soul
will sleep far-off
from the asp.

Canción 143

Oración por Compasión

En fe Te pido,
escucha mi oración.

¿Cómo es que en este
lugar no siento alegría
sino que lloro y gimo?

No juzgues mis actos, pues seguramente
me hundiría; en cambio, deja que mi
fe disminuya mi estado
para que pueda levantarme
en un abrir y cerrar de ojos.

Recuerda los días pasados
en los que me sentaba y reflexionaba
sobre la grandeza de mi destino.

Que tu bondad amorosa cubra
mi rostro para que pueda confrontar
mis defectos y saber que la fe
es la ley que
ha sellado mi destino.

Aunque un engaño se cruce en mi camino,
permíteme agarrar la vid que
me rescata de una muerte
espantosa, y así mi alma
pueda dormir
lejos de la serpiente.

Song 144

Praise for Victory

You are my strength;
I bless You with my soul.

Upon this rock I shall
set my post; your
trust my shield.

Though a shadow is cast down
from the sky, we tread
the earth for no fog
shall blind us
in our stride.

Over the knolls and through
the dale, we traverse
the land.

We pause to praise and
call You forth.

Here, let us
sing and claim
our gain that we
may swell in number
beyond the countless
stars that line the
infinite universe.

Let us bless the land;
this day was won with wit,
for we are filled with bliss
to take us through the grit.

Canción 144

Alabanza por Victoria

Eres mi fuerza;
Te bendigo con mi alma.

Sobre esta roca fijaré
mi poste; tu
confianza mi escudo.

Aunque una sombra se proyecte
desde el cielo, pisamos
la tierra para que ninguna niebla
nos ciegue
en nuestro caminar.

Sobre las colinas y a través
del valle, atravesamos
la tierra.

Nos detenemos para alabar y
llamarte.

Aquí, permite que
cantemos y reclamemos
nuestra ganancia para que
podamos crecer en número
más allá de las innumerables
estrellas que adornan el
infinito universo.

Bendigamos la tierra;
este día fue ganado con astucia,
porque estamos llenos de dicha
para llevarnos a través de la adversidad.

Song 145

Unceasing Praise

I glorify your love
all the days of my life,
for holy is our love.

All the greatness of the land
and all the lineage of your
span are but a speckle
of your might.

Let us recall the abundance
of your sense, let us live
in oneness with the law.

Let your compassion wash away
the wrath; let us not
tread upon the long
treacherous path.

In harmony we praise your
love, along with those in
the power of your light.

Everlasting is your splendor,
obvious our surrender.

Our eyes await the vision
and hold no derision; let
us supper at ease that
we may savor peace.

Your desire is melted into our
fate and with our mouths we
praise your holy state.

Bless You and my soul
now and for evermore.

Canción 145

Alabanza sin Cesar

Glorifico tu amor
todos los días de mi vida,
porque santo es nuestro amor.

Toda la grandeza de la tierra
y toda la estirpe de tu
linaje son sólo un punto
de tu poder.

Recordemos la abundancia
de tu sentido, vivamos
en unidad con la ley.

Que tu compasión borre
la ira; no pisemos
el largo
camino traicionero.

En armonía alabamos tu
amor, junto con los que están
en el poder de tu luz.

Eterno es tu esplendor,
clara nuestra rendición.

Nuestros ojos esperan la visión
y no tienen desprecio; comamos
en calma para
disfrutar la paz.

Tu deseo está fundido en nuestro
destino y con nuestra boca
alabamos tu santo estado.

Te bendigo a Ti y a mi alma
ahora y siempre.

Song 146

Praise for Help

I praise You for your help,
for I live my days at
your side.

In You I place my trust
for no other would be just.

The breath of truth in the
tomb You are, the source
of life from the womb.

The galaxies your cast, the
earth your stage; here we
are but emblems upon
the rocky plane.

Let us grasp
your magnificence,
preserve us until to
dust we return, to join
You upon the celestial plane.

Canción 146

Alabanza por Ayuda

Clamo por tu ayuda,
porque vivo mis días
a tu lado.

En Ti deposito mi confianza,
porque ningún otro sería justo.

El aliento de la verdad en la
tumba eres Tú, la fuente
de vida desde el vientre.

Las galaxias son tus creaciones,
la tierra es tu escenario;
aquí somos solo emblemas en
el terreno rocoso.

Aferrémonos a tu
magnificencia,
consérvanos hasta que
al polvo retornemos, para unirnos
contigo en la morada celestial.

Song 147

Praise for Renewal

We praise You for the goodness
that You bestow us.

The broken hearted rest
mended, the distraught serene
like quelled waves upon
the raging sea.

Though we number in the stars
You know our names that with
ease You release us up from
our dreary case.

Like a cloud that descends
upon the field You rain;
at last we are restored.

Plentiful is our food and
blessed are we within
the borders of this house.

Peace is present and all the
ice that burned our flesh is
rendered water before
our very eyes.

Canción 147

Alabanza de Renovación

Te alabamos por la bondad
que nos otorgas.

El corazón roto descansa
reparado, el angustiado sereno
como las olas apaciguadas
en el mar furioso.

Aunque somos numerosos como las estrellas,
Tú conoces nuestros nombres y con
calma nos liberas de
nuestro triste destino.

Como una nube que desciende
sobre el campo, Tú llueves;
finalmente seremos restaurados.

Abundante es nuestra comida y
bendecidos somos dentro
de las fronteras de esta casa.

La paz está presente y todo el
hielo que quemó nuestra carne
se convierte en agua ante
nuestros propios ojos.

Song 148

Unity in Praise

We praise You from our very
core and in harmony is
our chord.

Low and high we sing with
one accord: Praise to You
for the radiance of
your splendor.

Let the galaxies and the
water in the seas join
us in this harmony
of unity.

All the spirits now and
those in the power of
your light sing:
Glory be.

All creatures of the
earth and all the forces
we cannot see sing: Glory be.

All life in the infinite
universe and even the dead,
for death has no hold upon
your decree, sing: Glory be.

Let us all praise the power
that is the source of life,
let us all sing: Glory be.

Canción 148

Unidos en Alabanza

Te alabamos desde nuestro
interior y en armonía está
nuestro acorde.

Bajo y alto cantamos de
un solo acuerdo: Alabado Seas
por el resplandor de
tu esplendor.

Que se unan a nosotros
en esta armonía de unidad
las galaxias
y el agua del mar.

Todos los espíritus ahora y
aquellos en el poder
de tu luz cantan:
Gloria.

Todas las criaturas de la
tierra y todas las fuerzas
que no podemos ver cantan: Gloria.

Toda la vida en el universo
Infinito e incluso los muertos,
pues la muerte no tiene dominio sobre
tu decreto, cantan: Gloria.

Alabemos todos el poder
que es la fuente de la vida,
todos cantemos: Gloria.

Song 149

Entreat for Praise

Let us sing and praise
the power that is life.

In unison let us
raise our voices
in harmony.

In dance let us rouse our
state from slumber
that all the galaxies
shall sound the thunder.

Like celestial strings of a
symphony let us voice
a glorious melody.

Canción 149

Súplica de Alabanza

¡Cantemos y alabemos
el poder que es la vida!

En unísono levantemos
nuestras voces
en armonía.

Con bailes despertemos
nuestro estado del sueño
para que todas las galaxias
suenen el trueno.

Como cuerdas celestiales de una
sinfonía, dejemos oír
una melodía gloriosa.

Song 150

Eternal Praise

We praise You, for
You are The One and Only.

You are the
power of life.

Let us all sing
and praise for
there is no other.

You are the
womb of life.

Praise to
You who are.

As it is for
evermore.

Amen.

Canción 150

Alabanza Eterna

Te alabamos, porque
eres Único e Incomparable.

Eres el
poder de la vida.

Todos cantemos
y alabemos porque
no hay otro.

Eres el
vientre de la vida.

Te alabamos a
Ti porque eres.

Como siempre
para siempre.

Amén

About the Author

Robert L. Giron is the author of five collections of poetry and editor of five anthologies. His poetry and fiction have appeared in national and international anthologies among other publications. He was born in Nebraska, but he describes himself as a transplanted Texan, with family roots that go back over four centuries, who lives in Arlington, Virginia. He discovered recently that his ancestry covers most of Europe and the greater Mediterranean area, including Indigenous roots from Mexico/Texas. He describes himself as "just a man of the world."

Poetry from Gival Press

Abandoned Earth by Linwood D. Rumney

Adama: Poème / Adama: Poem by Céline Zins
 with English translation by Peter Schulman

Architects of the Imaginary / Los arquitectos de lo imaginario
 by Marta López-Luaces with English translation by G. J. Racz

Arlington Poets in Solidarity with Ukraine edited by Robert L. Giron

Bones Washed in Wine: Flint Shards from Sussex and Bliss by Jeff Mann

Box of Blue Horses by Lisa Graley

Canciones para una sola cuerda / Songs for a Single String by Jesús Gardea
 with English translation by Robert L. Giron

Dervish by Gerard Wozek

Disputed Site: poems by Kate Monaghan

The Great Canopy by Paula Goldman

Grip by Yvette Neisser Moreno

Haint by Teri Ellen Cross Davis

Honey by Richard Carr

Let Orpheus Take Your Hand by George Klawitter

Leave Smoke by Jeff Walt

Metamorphosis of the Serpent God by Robert L. Giron

Meteor by C. M. Mayo

The Miracle Machine by Matthew Pennock

Museum of False Starts by Chip Livingston

The Nature Sonnets by Jill Williams

On the Altar of Greece by Donna J. Gelagotis Lee

On the Tongue by Jeff Mann

The Origin of the Milky Way by Barbara Louise Ungar

Poetic Voices Without Borders edited by Robert L. Giron

Poetic Voices Without Borders 2 edited by Robert L. Giron

Prosody in England and Elsewhere: A Comparative Approach by Leonardo Malcovati

Protection by Gregg Shapiro

Psaltery and Serpentines by Cecilia Martínez-Gil

Refugee by Vladimir Levchev

Sweet to Burn by Beverly Burch

The Shape of Things to Come: poems by John Blair

The Silent Art by Clifford Bernier

Some Wonder by Eric Nelson

Songs for the Spirit by Robert L. Giron

Songs for the Spirit / Canciones para el espíritu by Robert L. Giron with Spanish translation by Javier Prieto Martínez

Tickets for a Closing Play by Janet I. Buck

Twelve: Sonnets for the Zodiac by John Gosslee

Voyeur by Rich Murphy

We Deserve the Gods We Ask For by Seth Brady Tucker

Where a Poet Ought Not / Où c'qui faut pas by G. Tod Slone

For a complete list of Gival Press titles, visit: www.givalpress.com.

Books available from Ingram, Brodart, Follett, your favorite bookstore, on-line booksellers, or directly from Gival Press.

Gival Press, LLC
PO Box 3812
Arlington, VA 22203
givalpress@yahoo.com
703.351.007